Picturing the Project Approach
Creative Explorations in Early Learning

图解项目教学法

——幼儿教育中的创造性探索

[加] 西尔维娅·查德（Sylvia Chard）
[墨] 伊冯娜·科根（Yvonne Kogan）／著
[墨] 卡门·卡斯蒂略（Carmen Castillo）
苏 婧／译

中国轻工业出版社

图书在版编目（CIP）数据

图解项目教学法：幼儿教育中的创造性探索／（加）西尔维娅·查德（Sylvia Chard），（墨）伊冯娜·科根（Yvonne Kogan），（墨）卡门·卡斯蒂略（Carmen Castillo）著；苏婧译．—北京：中国轻工业出版社，2022.5（2025.1重印）

ISBN 978-7-5184-3943-0

Ⅰ．①图… Ⅱ．①西… ②伊… ③卡… ④苏… Ⅲ．①幼儿教育－教学法 Ⅳ．①G612

中国版本图书馆CIP数据核字（2022）第055906号

责任编辑：吴 红　　责任终审：张乃柬
文字编辑：李芳芳　　责任校对：刘志颖
策划编辑：吴 红　　责任监印：吴维斌

出版发行：中国轻工业出版社（北京鲁谷东街5号，邮编：100040）
印　　刷：中国电影出版社印刷厂
经　　销：各地新华书店
版　　次：2025年1月第1版第3次印刷
开　　本：787×1092　1/16　印张：8
字　　数：100千字
书　　号：ISBN 978-7-5184-3943-0　定价：48.00元
读者热线：010-65181109
发行电话：010-85119832　010-85119912
网　　址：http://www.chlip.com.cn　http://www.wqedu.com
电子信箱：1012305542@qq.com

如发现图书残缺请拨打读者热线联系调换
242247Y1C103ZYW

译著推荐序

项目教学法（the project approach）是一种特殊的支持项目式学习的教学方法。我国幼儿教师对项目教学法并不陌生，它的三阶段（项目开始、发展和总结）和五要素（讨论、实地考察、表征、调查研究及展示）更是为想要支持幼儿进行项目研究的教师们提供了思维和行为框架。

当过很多年幼儿园一线教师的我也曾是项目教学的实践者。至今还记得，1997年，在北京一所国际学校的幼教部里，刚刚听说项目教学的我，跟着我的外教搭档一起与一群3～4岁的孩子进行了我专业生涯中的第一个项目专题（“鱼”）的研究。我虽然已经忘了当时具体做了些什么，也不记得是否严格遵循了“三阶段和五要素”框架，但是仍记得我们给孩子们提供了鱼缸，我们和孩子们一起养小鱼、看关于小鱼的图书、玩关于小鱼的玩偶，也记得孩子们互动、讨论和表征时的样子，还记得我的内心独白——“原来还可以这样教”。正因如此，当我读到苏婧老师翻译的《图解项目教学法——幼儿教育中的创造性探索》（*Picturing the Project Approach: Creative Explorations in Early Learning*）这本书时，非常感慨，也感到很亲切。感慨的是，现在的幼儿教师多幸福呀，可以被这样图文并茂且实践性强的专业书启迪。感到亲切则是因为书里的“鱼之家：鱼缸项目”这个故事让我穿越了时空，不仅让我回想起当年经历的点点滴滴，还让我再次认识到，身处不同时代和不同文化背景的孩子们对现实世界的兴趣和探究是如此相似，却又那么不同。

很多教师可能和我一样，都与孩子们一起探究过“鱼”，但我不知道大家是否和我一样，也会遇到以下困惑。比如，项目教学和主题单元教学一样吗？为什么同样是对“鱼”进行项目研究，但不同班级的学习旅程会那么不一样？孩子们对很多事物感兴趣和好奇，教师如何确定值得深入讨论和探究的话题呢？有的幼儿园可能会规定，每个班一个学期需要进行2～3个项目的研究；而有的幼儿园则规定，每个班一个月开展1个项目的研究。这样科学吗？年龄很小的孩子，如2岁或3岁的孩子，也能参与项目研究吗？教师如何制订计划，如何创设环境，如何与家长沟通，如何和同事交流……以共同促进和支持孩子们的项目研究？特别是在日常实践中，尝试进行项目教学的教师和幼儿会呈现出什么样的状态和关系呢？

面对这些困惑，教师们会如何解惑呢？

我想我是幸运的。当我在国际学校遇到困惑时，可以从更有经验的外籍教师的实践中受到启发；当我出国留学时，则可以从阅读项目教学法的创始人丽莲·凯兹（Lilian Katz）博士和西尔维娅·查德（Sylvia Chard）博士撰写的论文和图书中有所收获。2017年4月，我在不丹首都廷布的帕罗教育学院见到了本书的两位作者西尔维娅·查德和伊冯娜·科根（Yvonne Kogan），并参加了她们的工作坊活动。查德博士对项目教学法进行了介绍，而作为墨西哥城伊顿学校的创始人和校长的伊冯娜·科根则用很多鲜活的实例，呈现了项目教学与视觉艺术的结合可以如何帮助幼儿表达自我和自身的经验。

西尔维娅·查德和伊冯娜·科根
（摄于2017年4月，不丹）

当时已经80岁的查德博士，自己一个人从加拿大来到不丹参会和讲课。她和我们互动时亲切和蔼，讲课时声音好听且底气很足，马上成了我的榜样。她分享的时间虽然不长，但其很多观点帮我厘清、确认和更新了我对项目教学的认知。

- 儿童是天生的、自然的学习者。随时随地，学习就自然发生了，有时在街上、大自然中，有时在教育机构中……
- 被内在动机驱动着的学习，不管是在教育机构内还是在教育机构外，都可以使儿童进入全身心投入、聚精会神的学习状态。
- 项目教学中的项目一定是真实世界中值得研究的、适合儿童的话题或专题。
- 项目教学有三个阶段：第一阶段，教师向儿童学习，了解儿童知道什么，想知道什么，收集疑问；第二阶段，调查研究；第三阶段，分享、展示与庆祝。
- 讨论、调查研究、激发物或活动、儿童个人的故事、外请专家、参观、好奇、表征、墙面展示等都是常用的支持儿童进行项目研究的因素或方法。

- 2—3岁的儿童也能进行项目研究，可以进行“迷你”项目研究，时间不用很长。
- 从来不要认为，一定要全班儿童一起参与才算进行了一个项目的研究！项目教学支持的项目研究也不是课程的全部。
- 做主题（theme）和做项目（project）的区别：在主题活动中，教师是主导者；在项目研究中儿童会参与计划。
- 教师是引导者，而不是指挥者。
- 教师要解读儿童，需要灵活的时间安排，让儿童在项目研究过程中发挥出自身的优势。

您是不是有点羡慕我？不过，现在我想说，正在阅读本书的您和我一样幸运。因为书中清晰易懂的文字，就好像查德博士在讲述关于项目教学的那些事儿；书中美好又动人的照片和实例，就好像科根校长在分享生动的项目教学实例。教师不仅可以依循书中提供的项目教学步骤、框架尝试着进行实践，还可以围绕书中的实例展开教研和讨论，沉浸式地体会这些项目为什么能够如此发展、有什么样的意义和价值，想象书中教师们的日常教学行为、思考和情感，并结合书中的实例反思自己的实践，从而发现一些新启示和新可能。

感谢苏婧老师翻译本书，希望它在给您带来启示的同时，可以激发您与孩子们一起对现实世界里那些值得深入探究的议题展开研究的热情，带您享受项目教学的快乐。

周菁

新西兰惠灵顿维多利亚大学教育学博士

译者序

共同描绘适宜性教育的图景

《图解项目教学法——幼儿教育中的创造性探索》为读者朋友描绘了一幅适宜性教育的美好、生动的图景。之所以说是“图景”，是因为“图景”（其含义是“画面上的景物”）兼有“理想中的景况”之意。这恰如其分地表达了本书字里行间所要传达的含义、要义：既是生动、鲜活的项目教学活动现场记录，也表现了对适宜性的理想教育景况的美好表达和追求，突出表达了需要教师主动去描绘、建构这样一个美好图景（理想教育图景的实现需要教师沉下心来，静心思考，用智慧和爱心来描绘与构建）。

唐代文学家韩愈在《师说》中曾说过“师者，所以传道授业解惑也”“道之所存，师之所存也”。世界范围的教育改革越来越关注教育的本质问题。联合国教科文组织前总干事伊琳娜·博科娃（Irina Bokova）在2009年11月世界教育创新峰会上讲了一句话：“21世纪的教育需要重大创新，这是因为我们的世界正在变得越来越复杂、越来越融合，知识驱动性也越来越强。”在这种情形下，我们必须就教育的目的、学习的内容、为什么学习以及如何学习开展批判性的、持续性的交流和对话。联合国教科文组织在2021年第41届大会上发布的全球性报告《共同重新构想我们的未来——一种新的教育社会契约》（*Reimagining Our Futures Together: A New Social Contract for Education*）中提出，要回应关于重新构想“为何学、怎样学、学什么、哪儿学和何时学”的迫切需求。正如《图解项目教学法——幼儿教育中的创造性探索》的作者在“前言”中所说：“教师通常着眼于未来，并认真地重新考虑在校幼儿应该学什么、怎么学。”本书立足于未来，回答了现时的幼儿应该学什么以及怎么学的问题。

我国教育部新出台的《义务教育课程方案和课程标准（2022年版）》中特别强调“加强课程综合，注重关联”“变革育人方式，突出实践”等基本原则。教育部教材局领导在提及新课标相关信息时也明确表示：新课标将围绕发展学生的核心素养，精选和设计课程内容，设置“跨学科主题”学习活动，强化学科间的关联性，增强课程的综合性和实践性。北京师范大学教育学部郭华教授认为，以跨学科为目的的项目学习，最重要的特点就是不确定性，其过程和结果都不确定。不确定性带来了无限的可能性，令人期待，充满魅力；正因为不确定性，才有了探索的可能性，学生才觉得有意义；正因为不确定性，才会有主题介入；正因为各类因素具有多变性，才可以给学生更多的空间。

翻开本书的书页，一个个真实的场景，一双双专注的眼神，一副副全神贯注的神情，一张张极富冲击力的照片，怎能不令我们怦然心动、为之动容？是什么样的场景、什么样的活动吸引了孩子？又是什么样的支持，什么样的师幼关系、同伴互助、亲子互动，能够使孩子保持持续的兴趣与关注？……

这不由得引发我们对什么是适宜性教育，孩子的学习如何发生，什么是幼儿的幸福，以及什么才是以幼儿发展为本的适宜性课程等一系列重要问题的深入思考。之所以说这些问题重要，因为其涉及作为教育工作者的我们应该做什么、为什么做、怎样做等基本问题，是我们强调并实施“以幼儿为本”“以幼儿发展为本”的理念的重要前提。

为实现普及普惠、安全、优质的新时代学前教育的发展目标，“以幼儿为中心，真正树立质量意识；改善教育环境，增进幼儿的有益经验；研究保教过程，建立良好的师幼关系”等成为我们进一步关注的话题。作为学前教育工作者，我们要思考：如何“努力让每个幼儿都能享有公平而有质量的教育”；如何将正确的理念贯彻落实在教育实践中，落实在教师、家长的教育行为中，落实在孩子的一日生活中……本书对此给了我们很好的答案。

本书体现着知行合一的强大力量——知中有行，行中无处不体现着知、反映着知。本书中虽没有论述高深的理论，但正确的幼儿观、教育观、课程观无处不在。

这是一本实践性、可操作性很强的书，是一本将教育理念、教育价值追求渗透于字里行间的书。正如作者在“前言”中所介绍的，本书“提供了翔实的分步骤指南”“提供了部分实用工具”“其文字和优质的图片相辅相成”，这一切有助于教师增强对教育实践的理解。例如，在介绍如何选择项目专题时，此书列举了教师在选择项目专题时需要注意的核心问题：

该专题对幼儿的学习有价值吗？

如何将对该专题的研究建立在幼儿已有的认知基础上？

该专题会如何帮助幼儿更好地了解他所生活的世界？

……

幼儿的发展与智慧都在指尖上。幼儿通过操作体验来理解知识、提升专注力、发展思维。“项目教学法”以项目为主线、教师为引导者、幼儿为主体，改变了以往“教师讲，幼儿听”的被动模式，建立了幼儿主动参与、自主协作、探索创新的新型教学模式。项目教学法是一种对现实世界议题的广泛而深入的调查。幼儿通过丰富多样的感官体验及第一手调查，来寻求问题的答案，从而获得深刻的理解和认知。正如2012年我国教育部发布的《3—6岁儿童学习与发展指南》中提及的幼儿的学习观：“幼儿的学习以直接经验为基础，在游戏和日常生活中发生。要珍视游戏和生活的独特价值，创设丰富的教育环境，合理安排一日生活，最大限度地支持和满足幼儿通过直接感知、实际操作和亲身体验获取经验的需要……”教育需要给予孩子们更多自信和自由，促使孩子们能够全身心地投入他们想做的事情。当幼儿参与高水平的游戏时，他们将全身心地投入复杂的游戏体验中，进行“心流体验”。如果幼儿处在适宜的环境中，那么他们就能以自己的方式进行学习。正如本书英文原著的封底上所显示的那样：“在早期教育的教室里，因为项目教学，深度的连接与互动无处不在、无时不在。”

本书中体现的适宜环境的创设理念包含如下几点：一是充分体现平等、尊重、理解、支持的关系和氛围。二是高度重视师幼互动，强调师幼互动的质量。三是注重发挥环境的作用，合理安排、有效利用室内外环境。在“鱼之家：鱼缸项目”的总结和分享活动中，教师为了让每个参观者“获得一种置身于鱼缸中并在鱼缸中行走的感觉”，于是请孩子们“用废弃的塑料容器和布片来制作鱼”，同时展现鱼缸内的情景，将教室“变成了一个巨大的鱼缸复制品”，使所有参与者可以身临其境，躬身入局。四是关注家长的参与，这也是幼儿园的重要理念。在案例中，教师带着孩子们到社区进行了各种参观，这种敢于突破边界、注重发挥社区的作用的实践可以为我们带来很好的家庭、学校和社区协同育人方面的启发与借鉴。

此外，本书的语言简练，一线教师一看便知如何去做。书中所举的例子具有较强的普遍性以及较高的可借鉴价值，当然也需要读者根据实际情况进行本土化的落地实践与思考。

南京师范大学的虞永平教授指出：“幼儿的幸福就是指在一个充满支持的生活和学习环境中，幼儿的需要、兴趣被充分关注，他们的天性被充分关注，他们的学习特点和规律被充分关注，他们以自己特有的方式学习，将思考与行动结合起来。”本书所呈现的项目教学的一系列的典型案例及策略方法，为我们提供了一种实施适宜性教育的路径，有助于实现成人和幼儿在丰富的日常生活中共同构建适宜性教育的可能。本书可以引导我们站在幼儿的立场思考，站在幼儿的立场设置环境，站在幼儿的立场创造生活，与幼儿共同游戏、同悲同喜。愿我们一起在促进幼儿身心健康的丰富多彩的活动中，实现让幼儿现在快乐，未来幸福的职业承诺，为幼儿的终身发展奠定良好的基础，许幼儿一个美好和可持续发展的未来。

感谢北京师范大学的刘焱教授、中国教育科学研究院的刘占兰研究员、北京市第五幼儿园的邹平园长在百忙中抽出时间为本书撰写推荐语，同时感谢周菁博士不仅为本书撰写推荐序，还提出中肯而宝贵的修改意见。在此谨对上述专家的鼎力支持和倾情奉献衷心致谢。让我们一起努力为读者朋友提供更优质的专业读物，从而更好地助力大家的研究与实践。

苏婧

北京教育科学研究院早期教育研究所所长

原著推荐序

让幼儿参与被称为“项目”的研究活动，最早出现在一个世纪以前的美国。以约翰·杜威（John Dewey）及威廉·基尔帕特里克（William Kilpatrick）为代表的许多著名教育哲学家和学者，提醒教育工作者在使用传统的教学方法之外，应更加注重充分地理解幼儿的各种想法。

本书对世界各地幼儿参与的项目活动进行了生动鲜活的描述，并配以丰富的插图。教师、家长和其家庭成员，以及更大的被服务的社群，都可以欣赏这些教育实践背后的三个主要前提。下面对其做简要概述。

我在幼儿教育方面所积累的丰富的经验表明，把握以下基于幼儿发展和学习的研究而提出的设想是有用的。此外，我还鼓励您向幼儿的家人分享这些设想。

第一，在看待过度正规教学的风险时，我们要牢记：学业目标与活动和智力目标与活动之间存在差别，尤其是在学前阶段。学业目标一般在于获取细小而零散的信息，通常与读写技能挂钩。相关的学习活动往往涉及重复性、机械性记忆，做练习题等，旨在让孩子们为以后学习和应用文字及数字做好准备。这些学习和练习的项目往往要求标准答案，并且在很大程度上依赖记忆，而不是理解。孩子们在作业练习中，很大程度上是在向教师提供正确答案。对于幼儿，此类教学活动包括学习一星期中具体的每一天的名称。虽然“学业（academic）”一词的一个传统含义“几乎没有实际价值或相关性”，但是，这些基本知识都会成为日后个体愈发重要的阅读能力和学业能力的重要组成部分。我认为，此处的问题不在于学业方面的技能是否重要，而在于：学业方面的技能何时才重要？在幼儿多大年龄时发挥作用？会发挥多大作用？

智力目标及其相关活动最充分地解决了精神生活所需，包括一系列的审美敏感性。“智力（intellectual）”的概念强调推理、假设、预测、分析、想象、产生想法和寻求理解。一门适合幼儿的课程侧重于支持孩子天生的智力倾向。例如，孩子们天生就倾向于尽可能地了解他们自己的经历与环境。合适的早期教育课程是一种激励幼儿寻求掌握基本学业能力的课程，例如：幼儿开始练习写作技巧，为他们的心智追求服务。孩子们在基于兴趣与观察的实践中，更能感觉到他们做过的项目活动、付出的努力是有价值的。因此，即使是参与不同项目调查记录的幼儿也能学到很多东西，因为教师会帮助他们努力对相关现象进行测量，并记下各种单词和数字。这种方式加深了孩子们对学业技能应用的认识。

第二，在项目教学工作中发展与学习强调了兴奋感和兴趣爱好之间的区别。这是发展与学习的另一个重要方面。幼儿在生活中有很多时候会出现兴奋的情况，如参加生日派对、节日庆典以及各种游戏活动时。与之相反，兴趣是一种减弱生理反应、增强对观念和事件的心理加工的倾向。兴趣可能表现为极强的专注力和好奇心，甚至是着迷的感觉，它是早期项目教学中必不可少的因素。

第三，项目教学的价值基于幼儿自身在参与项目活动过程中获得的经验。良好的项目教学工作所蕴含的价值观包括知识和社会的经验。教师并不需要围绕那些通常在传统的正式考试中出现的被用来评估学习成果的预设问题来规划项目教学工作。

从本书的项目教学工作的报告和图片中可以看出，幼儿和教师们都深入地参与其中，并提供了他们所完成的项目记录。本书充分证明，项目教学能为幼儿的整体发展带来诸多益处。

丽莲·凯兹

伊利诺伊大学小学与幼儿教育专业名誉教授

前　　言

多年来，在与幼儿教师合作的过程中，我们发现很多教师希望改变自己的教学方式，以便更加符合时代的需求。此外，教师通常着眼于未来，并认真地重新考虑在校幼儿应该学什么、怎么学。在对个人项目与合作项目的不断反思中，教育工作者经常表示，他们有兴趣学习如何培养幼儿具有普遍价值的技能和性格。本书为您提供了翔实的分步骤指南，以使用项目教学法为框架来丰富您的实践，规划能够培养幼儿灵活思维的教育活动。本书阐述了幼儿的社会与情感能力、学业质量，以及他们在科学（Science）、技术（Technology）、工程（Engineering）和数学（Mathematic）（“STEM”是这四个词的缩写）方面的知识和技能水平是如何通过项目教学活动而得到提升的。此外，本书还提供了部分实用工具，其中包括您可以在项目工作过程中查阅和使用的模板及示例信件。其文字和优质的图片相辅相成，有助于增强您对有效运用项目教学法的理解。

致　　谢

首先感谢丽莲·凯兹博士，她与西尔维娅·查德博士一起开发了项目教学法，并撰写了大量相关文章、论文与图书，在世界各地讲学，指导教师与机构，进行了令学习更加有意义的实践。

我们还要感谢卡洛斯·拉米雷斯（Carlos Ramírez）和许多为本书做出贡献的教师，他们将项目教学法投入实践，为我们提供了丰富的经历、有趣的故事和迷人的图片。

作者简介

西尔维娅·查德（Sylvia Chard） 博士，加拿大阿尔伯塔大学早期教育专业荣誉教授。她曾在加拿大、美国等国家讲授跨学科学习，曾与丽莲·凯兹（Lilian Katz）和伊冯娜·科根（Yvonne Kogan）合著《开启孩子的心灵世界——项目教学法》（*Engaging Children's Minds: The Project Approach*），与伊冯娜·科根合著《从“我”的角度——做一个孩子》（*From My Side: Being a Child*）。

伊冯娜·科根（Yvonne Kogan） 墨西哥墨西哥城伊顿公学早期教育和小学部联合创始人、学术负责人，墨西哥及国外多所学校的项目教学法顾问。其出版的作品包括《从“我”的角度——做一个孩子》《开启孩子的心灵世界——项目教学法》。

卡门·卡斯蒂略（Carmen Castillo） 在过去20多年里曾在墨西哥多所学校担任教师及校长，担任墨西哥及国外多所学校的教育顾问和培训师，受邀在墨西哥及国际会议上发表演讲。

译者简介

苏婧 北京教育科学研究院早期教育研究所所长；《学前教育》杂志社原社长；现兼任北京幼儿园女园长协会会长、中国学前教育研究会常务理事、北京教育学会学前教育专业委员会理事长、中国教育装备行业协会幼儿教育装备分会专家指导委员会主任等；北京市督学，北京市妇联第十三届、第十四届执委，中央电视台青少频道咨询专家，国务院妇女儿童工作委员会办公室儿童工作智库专家，教育部教育发展中心全国民族教育学前教研专家工作坊专家，多项“国培”项目特聘授课专家。

她主持和参与了多项全国、北京市的学前教育立项课题研究，主编了“幼儿园园长专业能力提升丛书”（11册）、“幼儿园课程资源丛书”（10余册），著有《儿童视角下北京市幼儿园课程的实践与创新》《基于幼儿园课程实施的园本教研活动指导手册》《北京市学前教育督导指南研究》《幼儿园一日活动的诊断与对策》《解开儿童成长的密码》等多本专业书籍，已在国家级、省市级报刊上发表文章90余篇。

她曾获“全国三八红旗手标兵”“北京市三八红旗奖章”“北京市新闻出版行业领军人才”“北京市高校优秀共产党员”“首都教育系统奥运工作先进工作者”“北京市新闻出版（版权）先进个人”等荣誉称号。所在的北京教育科学研究院早期教育研究所于2019年获“全国五一巾帼标兵岗”荣誉称号。

目　录

第一章

理解项目教学法

项目是一种对现实世界议题（topic）[1]的广泛而深入的调查研究。幼儿通过丰富多样的感官体验和第一手的调查研究，探寻问题的答案，从而获得深刻的理解和认知。一个项目通常由全班承担，以小组为单位，不同的小组会专门研究该项目专题的不同方面。

项目教学法不是贯穿整个课程的唯一一种教学方法，它可以与其他经验和教学方法进行兼容与互补。幼儿教师经常想知道“主题单元（thematic unit）”与“项目（project）”之间的区别，表1-1展现出了这些不同点。请注意，对于主题单元，教师会从头到尾预先进行计划。而在项目教学过程中，教师会回应孩子们的想法，教学单元的进度也紧随孩子们的兴趣，以实现班级成员共同设定的目标。

项目教学法提供了一个结构良好、使用方便的框架，总共包括三个阶段。就像一个好故事一样，一个项目也有开头、中间和结尾，每个阶段都很独特且令人难忘。将项目分成三个连续阶段，有助于教师和孩子们在开展项目教学活动时更有目的性。

[1] 在本书中“topic”一词根据语境被翻译成“话题”“议题”或“项目专题”。——译者注

表1-1 主题单元和项目的区别

要素	主题单元	项目
话题	教师通常围绕一个广泛的主题或一个大概念（如“太阳系”）而开展一系列的活动	教师对与幼儿生活密切相关的现实话题（如“鞋子”）展开深入研究
时长	主题单元的时长通常是预设的，不会很长，因为题目一般比较宽泛	项目持续的时间更长，每个项目之间也可能有很大差异，具体取决于幼儿探究该项目专题的兴趣，以及他们心中的疑问（question）[1]是否得到回答、他们是否获得了新的理解
教师角色	教师是权威指导者	教师仅提供指导和帮助，幼儿将决定如何推进他们的项目研究
学习体验	教师从头到尾根据课程目标来规划教学活动，而根本不考虑幼儿的兴趣或疑问	教师会评估幼儿已有的知识水平，从而更有针对性地设定研究疑题。学习体验的设计能使幼儿随着项目的开展探寻可以回答幼儿心中疑问的答案，从而满足学习和课程的目标要求
技能	教师需联系主题单元和课程目标，计数、测量、阅读、拼写等技能都可能有所涉及。主题将作为应用基本技能的背景出现	随着项目的进展，学生逐步完成课程目标。幼儿运用技能来探究疑题，寻找答案，展现他们对项目的认知与理解
获取新知识	教师主要通过图书、手册和互联网为幼儿提供知识。有时教师会以实地考察作为主题单元完结时的活动	在项目早期进行实地考察，因为这是一种幼儿探寻答案时必不可少的方式。他们也会通过访谈，观察工作中的人，以及考察设备、场所和流程来收集第一手资料
表征	幼儿通常从事同样的活动。所有人可能会在同一张工作表上涂色、制作同样的木偶或参加一场戏剧	整个班级通常分为几个兴趣小组。幼儿可能独立或协作进行多种类型的活动，这些活动能展现出他们对所研究疑题的认识和理解。他们可能会创作一些文字或绘画作品，参与戏剧表演或构建模型
记录与展示	作品可能会在教室里展示。因为幼儿的主题作品通常看起来很相似，很难让幼儿识别自己的创作。展示的作品主要被用来装饰教室的墙壁	教师通过做笔记、拍摄照片、录音和录制视频等方式记录幼儿的学习过程。他们也会同时用这些资料来筹备后续的学习内容。这些资料反映了课堂中正在发生的项目进程，也可以作为幼儿下一步学习的资源。幼儿可以很容易地识别自己的作品，谈论他们学到的东西，描述他们在项目活动期间面临的挑战。他们会对自己的工作成果产生真正的主人翁意识

[1] “question”一词在本书中主要被翻译成“疑题”或“疑问”，少数地方根据语境用“问题”表述，一是为了与“problem（问题、难题）”一词区分开，二是为了强调项目教学的基点是儿童心中的好奇和疑问。——译者注

第一阶段

在项目初期，教师需要通过了解幼儿的亲身经历和个人故事，来了解他们目前对项目专题的认识和已有的知识经验。幼儿通过聆听同伴的故事、阐述自己的经历，以及在活动中分享自己的作品等，从而对项目专题有一个总体的基本认识。

在这个阶段，幼儿通过小组讨论生成想要研究的问题，这些问题会成为整个项目研究的路标。

第二阶段

教师组织活动，引导幼儿获得能够回答他们所提出的疑问的第一手资料。教师为幼儿提供可观察的物品，邀请专家与全班幼儿做知识分享，并计划组织幼儿进行实地考察。教师会寻找让幼儿应用读写和计算技能的机会，并充当诱导启发者，帮助幼儿通过多种方式展示所学与所得。

第三阶段

教师和幼儿会一同决定结束项目活动的时间和方式，以及如何与他人分享经验。教师评估作业，通常会要求幼儿选择一个特定的事项做报告，以交流项目进程中的学习情况。

许多教师发现，项目规划与记录表（如表1-2所示）可以用来指导他们按照项目教学每个阶段的活动框架来开展活动，而且非常好用。项目教学有5个要素：讨论、实地考察、表征、调查研究及展示。这些要素服务于幼儿在整个项目教学中每个阶段的学习。随着项目教学的各个阶段和教师关注点的变化，项目教学的每个特征都会呈现出新的功能和意义。在附录A中，您可以看到一个以水果作为项目专题的项目规划与记录表示例。

表1-2 项目规划与记录表

讨论	实地考察	表征	调查研究	展示
第一阶段：开始项目				
分享和项目专题相关的过往经验与现有知识	让孩子们向家长或看护人讲述他们过往的相关经验	使用绘画、写作、搭积木和戏剧表演的形式分享过往经验和知识	基于现有认知提出疑问	分享各种形式的学习成果
第二阶段：发展项目				
• 为实地研究和采访做准备 • 审查实地研究成果 • 从二手资料中学习	• 离开教室，去一个实际地点进行调查研究 • 在实地或课堂中采访专家	• 在现场画简单的速写，做笔记 • 使用素描、色彩画、写作、数学、图表和地图等方式展示新的学习所得	• 围绕最初提出的疑题展开调查研究 • 开展实地研究工作，进行资料收集 • 提出更进一步的疑问	• 分享展现新认知的学习成果 • 保持项目工作的持续记录
第三阶段：总结项目				
• 准备分享项目故事 • 审查和评估项目	请一个外部群体来评估项目	思考和总结研究的故事，与他人分享项目	提出新猜想和新疑问	总结整个项目的学习成果

项目应当持续多久?

项目的持续时间从几天到几周不等。短期项目可能来自意外事件，也可能在学期开始或结束的时候进行。长期项目通常基于精心挑选的专题，这些专题适合用来进行更深入的调查研究。项目的第二阶段所需花费的时间比第一、三阶段更多。项目的每个阶段所花费的时间因儿童的年龄而异。年龄较小的儿童一般会在第一阶段和第三阶段花费更多的时间。而幼儿园至二年级的儿童通常在第一阶段花费大约25% 的时间，在第二阶段花费50% 的时间，在第三阶段花费 25% 的时间。这些百分比是基于进行全班项目活动的假设。

第二章

确定项目专题

在项目初期，教师会确定项目专题，并将其介绍给幼儿及其家庭成员。

- 教师选择将要学习的项目专题。
- 教师制作专题网络图和课程网络图，展望该项目专题的发展潜力。
- 教师帮助幼儿以不同方式分享他们以前的经历。
- 幼儿通过讨论和展示他们的作品，与同伴分享他们的经历和经验。
- 教师将要学习的项目专题告知家长，以便家长可以贡献自己的专业知识、带来相关物品，以及分享自己的孩子与该项目专题相关的经历。
- 教师确定并帮助孩子提出引领调查研究的疑题。

选择项目专题

幼儿的直接体验可以关乎很多有趣的事物，这就使我们可以学习的潜在疑题、可以研究的专题变得无穷无尽。想想幼儿每天在生活中接触到的事物：从鞋子这样常见的东西到去餐馆就餐。项目探究为幼儿提供了宝贵的机会，使他们可以更加深入地了解世界如何运作。不过，并非所有专题都具有同等的教育价值。下面是在选择项目专题时需要注意的一些重要问题。

- 该专题对幼儿的学习有价值吗？
- 如何将该专题的研究建立在幼儿已有的认知基础上？
- 该专题会如何帮助幼儿更好地了解他所生活的世界？
- 幼儿能否通过实地考察及与专家交谈来直接进行调查研究？
- 是否能让幼儿在现实生活情景中学习识字与计算技能（取决于幼儿的年龄）？
- 是否符合课程标准？
- 幼儿有与同伴合作的机会吗？
- 幼儿能否以不同的方式表达自己的理解？
- 幼儿能否主动地进行调查研究？
- 是否能为幼儿的家庭成员提供参与项目活动的机会和条件？

为幼儿设立的项目专题，必须与他们经验范围内的物体或事件有关。对幼儿最有价值的是那些与他们的日常生活相关的话题，可能包括：了解自己、水、衣服、宠物或者幼儿日常经验的其他任何部分。

为幼儿园儿童设立的项目专题，可以与他们熟悉的场所、过程和物体相关，比如餐馆、飞机、标志以及学校周围的社区。

随着孩子们在小学阶段的成长，他们的兴趣逐渐多样，对世界的体验也更加丰富，从而能够更好地了解与生活有一定距离的事物。小学低年级的好话题可能包括：天气、电力或者报纸的编写、印刷和发行方式。

谁来选择项目专题？

在选择项目专题时，幼儿的兴趣是一个重要的考虑因素。然而，直接问幼儿想学什么，可能不是最好的策略。即使通过这种方式发现了合适且丰富的项目专题，教师也有责任判断这个项目专题是否值得幼儿花费时间和精力进行探究。

第三章

开始项目

当确定一个项目专题后，教师就需要制作一个项目专题网络图。在制作项目专题网络图或思维导图的过程中，教师可以对自己拥有的基本知识有一个了解，并可以思考项目专题的潜在范围、可供研究的不同方面，以及项目专题与课程的联系等。

制作项目专题网络图

教师应在最初的项目专题网络图中增添尽可能多的细节，以便更好地规划班级项目。一个很好的经验法则，是制作至少包含100个词语的项目专题网络图。词汇应尽可能详细，可以使人联想到现实生活中的日常语言，以及抽象或概念性的语言。（有关如何制作项目专题网络图的详细说明，请参见附录B。）教师可以决定项目专题的范围。您可以决定项目是涉及网络图中提到的所有类别，还是只涉及某些重点内容。

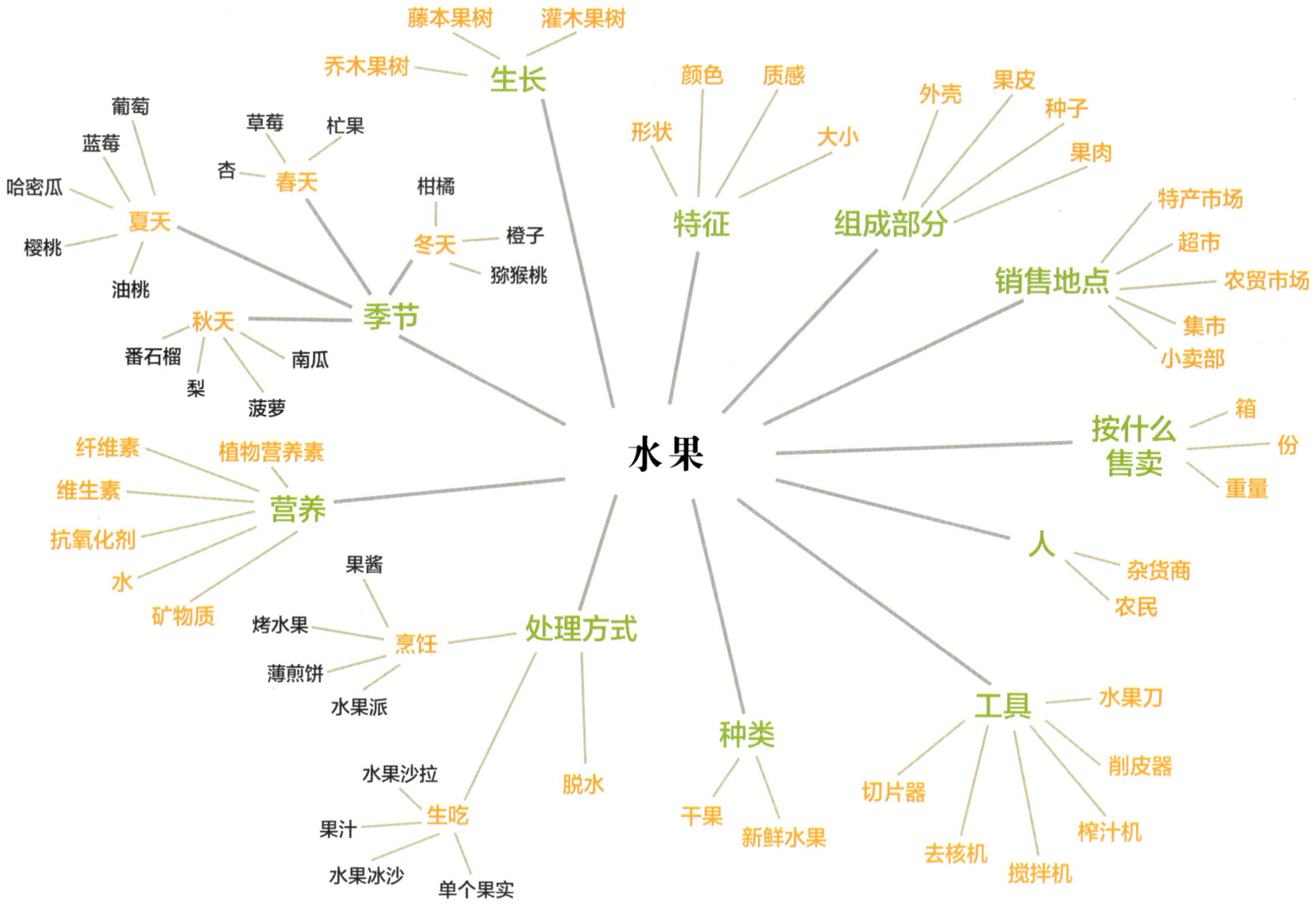

“水果”项目专题网络图

当您完成项目专题网络图后，可以再制作第二张网络图，来总结项目规划与课程、学习标准及潜在学习经验相关的想法。

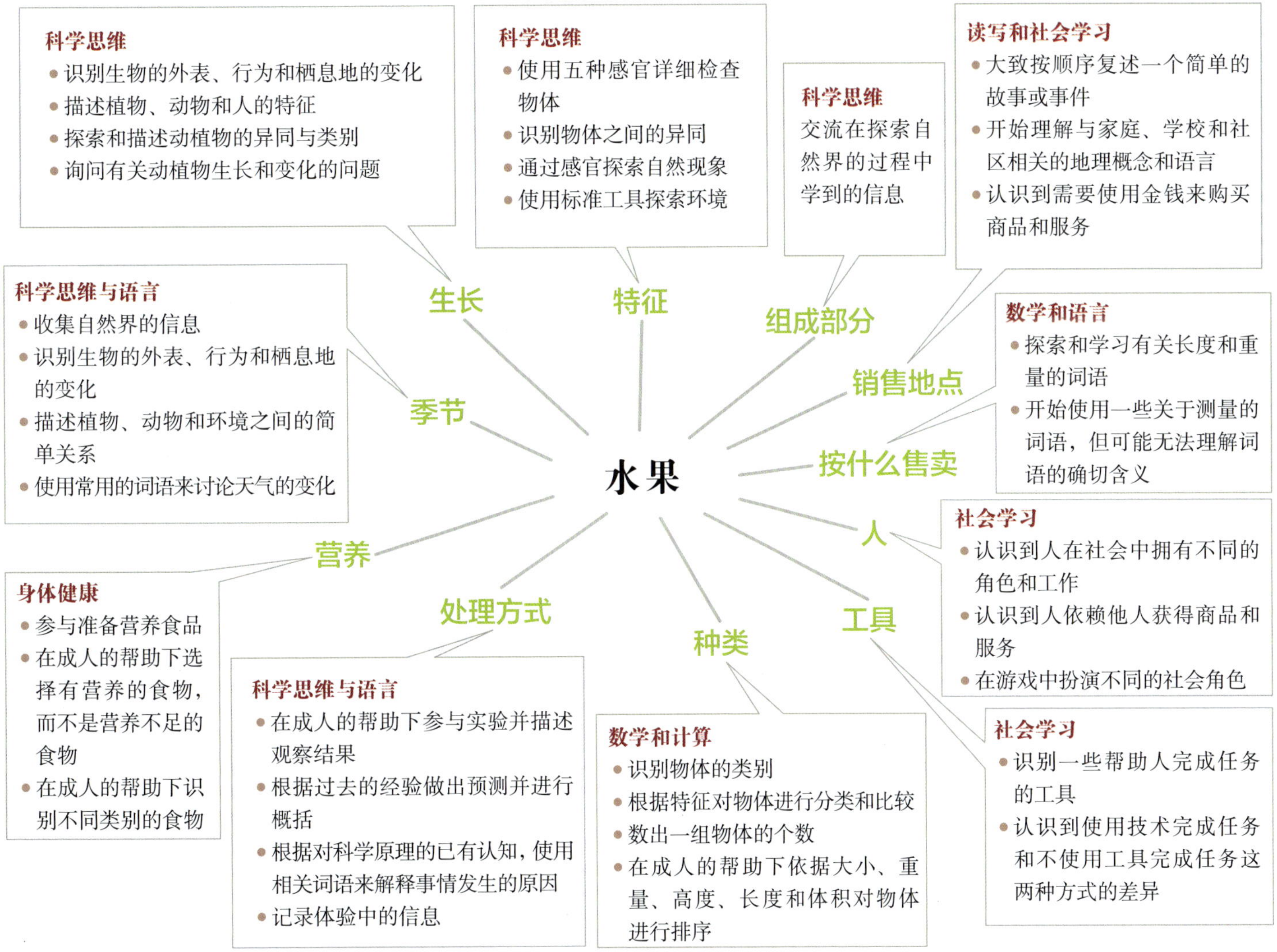

“水果”项目专题课程网络图

年龄稍大的孩子，有一定的参与项目活动的经验，可能会帮助老师一起绘制项目专题网络图。

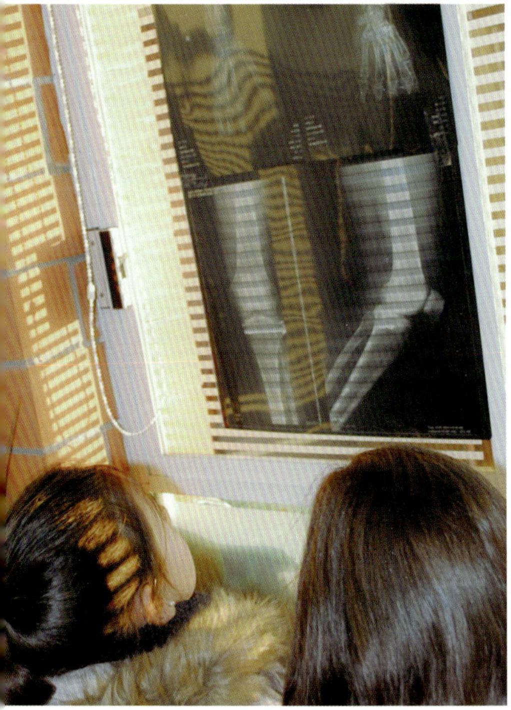

激发幼儿的兴趣

在介绍将要学习的项目专题时，您可以通过启发的方式来激发幼儿的兴趣。有时，教师会选择邀请孩子们与某些熟悉的物体互动，或者使用一张图片讲述一个可以引发讨论的个人故事。在运用讲故事、展示物品或使用其他物品等方式来激发幼儿的好奇心时，不宜远离幼儿的生活经验或给予幼儿过度的刺激。无论采用哪种方式，都需要贴近幼儿的生活经验。这样做，是为了发起关于个人经历、想法和有关项目专题信息的对话，幼儿可以与他们的同伴分享和交流，这有助于消除他们已有的误解。这项工作对教师而言很重要，因为它有助于形成共同的基本理解，并由此开始规划项目研究的相关体验。

表达初步理解和认知

在持续一周或更长时间的项目中，幼儿可能会以不同的方式来阐述他们对某个话题的已有知识、当前的理解和个人故事。作为教师，您的角色是提供各种有意义的展示机会以支持幼儿的行为，幼儿通过这些展示可以更好地交流并分享他们的经验。他们可以通过口头表达、戏剧表演、绘画、写作或制作模型来做到这一点。这些最初的陈述也许不会非常准确或详细，因为调查研究还没有开始，因为孩子们还没有深入地了解该话题。

"我正乘坐电梯下楼去往花园，看到一只鸟从巢里掉了下来。"（埃米）

"我们喜欢去麦当劳，但是爸爸总是选择打包带走，我们从来没有在那里堂食。"（伊莎贝拉）

在芭蕾舞课上，我的妹妹把她的芭蕾舞短裙脱下来，放在台灯的上面了。之后我们去吃晚餐，闻到一股烧焦的味道。妈妈发现，是芭蕾舞裙着火了。现在妹妹知道了她不应该这样做。

家庭成员可以成为项目活动发展的宝贵支持者、贡献者。在第一阶段，他们可能会把与项目相关的物品送到学校。他们还可以分享与幼儿经历相关的事件与照片。这些贡献和支持都可以丰富活动现场的对话。您可以向幼儿的家长发送一封信，介绍他们的孩子将在几周内学习的项目专题，这对项目活动的深入推进非常有帮助。（有关介绍项目的信函示例，请参见附录 C。）

教师可以在教室的墙壁、桌子或架子上展示大家的作品，帮助幼儿分享经验。这些展示有助于丰富该话题的讨论，并分享幼儿使用到的展示技术和方法。在项目的最初阶段，您可能还想展示幼儿从家里带来的照片或在活动中上演的戏剧的照片。您可以展示物品与模型，可以将项目分组，还可以为不同的项目编写标签及解释性说明等。

阿隆索带来了几张他和家人一起在渔船上的照片。

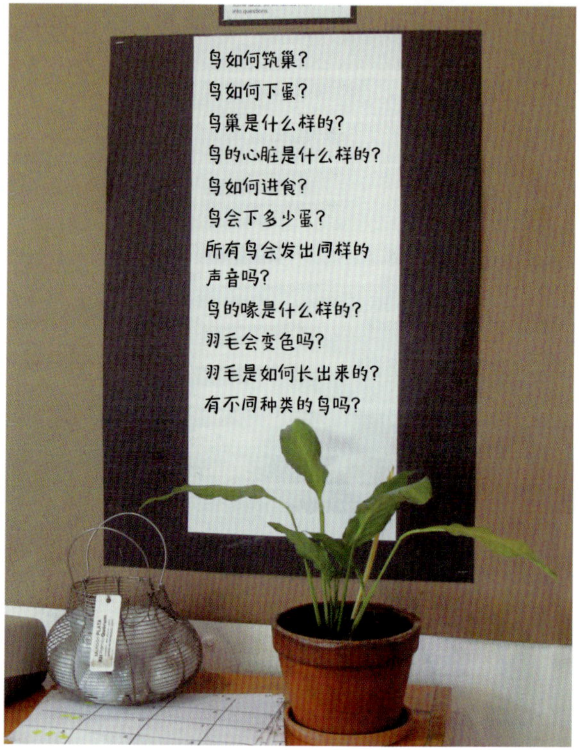

发现和确定调查研究的疑题

当与某个话题有关的对话和与物体的互动发生时，孩子们往往会感到好奇，在教育活动中表现出兴奋感。您可能会开始注意到孩子想要了解更多的知识，以及他们可能想通过调查研究来满足哪些个人兴趣。幼儿教师可以通过反复或不同的刺激，来不断增强与幼儿之间的互动，以确定他们心中的疑问和兴趣，以此作为项目教学调查研究的基础。

探索声音

为了激发幼儿对“声音”这个话题的兴趣，一名幼儿教师在桌子上摆放了不同的鼓状和棍状物体，邀请孩子们与她进行互动。她记录了孩子们的一些评论和行动。一个用吸管敲打金属罐的孩子说：“这行不通！”另一个孩子说：“我这个的声音很大。”其他孩子开始对与他们进行互动的材料所产生的声音种类发表类似的评论。在分析了这次经历的记录后，教师确定了以下的研究疑题：

- 如何发出不同的声音？
- 不同的物体分别会发出什么样的声音？

幼儿园的幼儿和小学低年级的学生，可能会像蹒跚学步的孩子一样表达他们的好奇心。在有机会与他们先前的知识建立联系后，他们还能在教师的指引下形成可以进行调查研究的疑题。收集这些疑题，可能会花费几天，甚至几个星期的时间。当您写下孩子们可能想要调查研究的疑题时，使用一张大的记录纸可能会有所帮助，您可以将其张贴在教室的墙面上。

关于蝴蝶的疑问

- 蝴蝶是如何变成蝴蝶的？
- 蝴蝶有骨头吗？
- 蝴蝶睡觉吗？
- 蝴蝶住在哪里？
- 蝴蝶吃什么？
- 蝴蝶有家庭吗？

教师们常常会有一种马上给孩子们提供信息的冲动，但请一定要忍住！只有当孩子能够自己围绕疑题进行思考、提出假设并寻求获得答案的方法时，他们才能获得最大收益。您可以通过提出问题（如“你为什么这么说？”“你认为它如何运作呢？”等）来支持和引导他们的预测。对于物体和场所如何发挥功能，以及人们的行为，孩子们会有自己不同的看法。其实，这些争议可以引起他们对寻找问题答案的浓厚兴趣。一些教师喜欢记录下孩子们的疑问，并让大家可以看到自己提出的疑问、做出的预测、获得的发现以及发现信息的过程与方法。（有关水果项目的此类记录示例，请参见附录 D。）

在第一阶段后期，当孩子们的疑问产生后，此时，您就该考虑孩子们想知道什么、想更仔细地观察什么，以及该邀请谁作为访问对象，去哪里进行实地考察、收集信息等。在此阶段结束时，教师应当已经准备好设计支持幼儿进行研究的相关体验活动，并帮助他们寻找问题的答案。

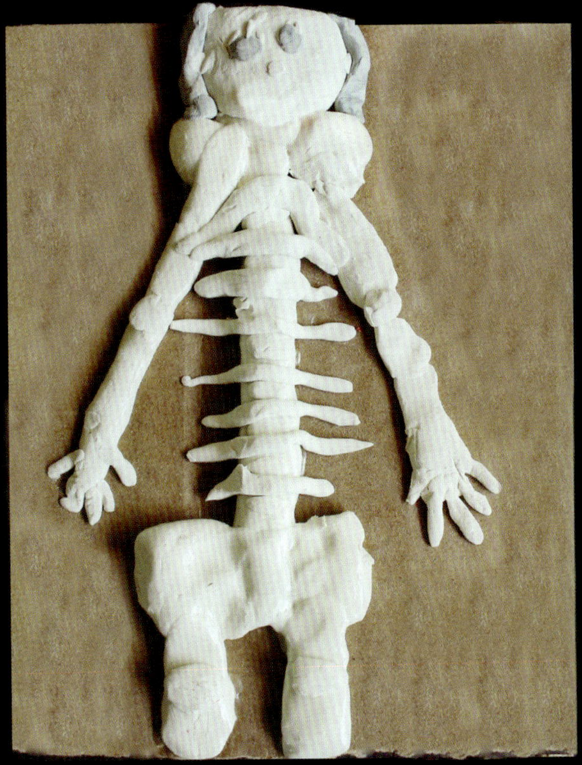

我认为，我们拥有200多块骨头。我们的身体里面有大量的骨头，但脚里面的骨头少一些。

（上图最上面的文字的译文：“当飞机飞行时，它们会尽量不飞进云朵里。”左下角的文字的译文：“直升机可以降落，但其他飞机不行。”右边的文字的译文：“山上下雨了。”——译者注）

第四章

发展项目

在项目的第二阶段，您将专注于如何帮助幼儿探寻问题的答案并表达他们的理解。在项目教学的这一阶段，我们将幼儿定位为观察者、调查者、反思者和合作者。他们以过去的经验为基础，与环境互动、进行实地考察并与专家交流。通过这些经历，幼儿得以构建知识，并用他们的理解和技能来表达他们所学到的东西。

第二阶段涉及以下学习机会。

- 教师安排幼儿进行实地考察并与专家交流。
- 幼儿亲身参与学习和探索。
- 幼儿需要探寻第一阶段所提出疑题的答案，并想想还有哪些新疑问。
- 教师提供额外的研究资源。
- 幼儿使用各种材料和方法来表达他们的理解。
- 教师展示幼儿可能会讨论及重温的工作经验和流程。

选择实地考察的地点

实地考察的好去处，通常可以是一些小型机构，或者是一些幼儿可以获得第一手信息的地方。这些信息将帮助他们寻找答案，并将搜集到的证据和新的知识带回班级。您最好对具体地点进行初步考察和了解，通过评估现场、与负责人会面，以便提前商议如何在现场围绕幼儿提出的疑问进行探讨，以及带幼儿探索的具体流程。

要观察的内容

在现场，孩子们可能会看到以下一些内容：

- 设备
- 车辆
- 机械
- 完成工作所需的工具
- 工作中的人
- 从事不同工作所需的服装和装备
- 事件
- 流程
- 记录和测量设备
- 植物
- 动物
- 物理空间

幼儿的实地考察可能会在学校（幼儿园）内或学校（幼儿园）附近进行，因为教师在带孩子们前往目的地时需要采取诸多预防措施并提前制定安全预案等，以照顾好幼儿，确保幼儿的安全，保证活动的顺利开展，而这对教师来说是一项重要挑战。

年龄较大的学生可以进行长途旅行，但教师也要考虑到距离远近的问题。孩子们可能会饿、会累，或者在长途汽车上需要上厕所等。

在实地考察期间，孩子们可以记录景象、声音、气味和材质。对他们来说，掌握和运用记录观察结果的方法十分重要。他们可以做笔记、记录物体的材质、收集样品、测量物体、提出疑问和拍照等。

工具和材料

教师可以在实地考察现场使用下列工具和材料记录信息：

- 写字夹板和铅笔，可用于在现场画速写和做笔记
- 蜡笔，可通过拓印记录纹理
- 放大镜，可用于更仔细地观察物体
- 照相机或录像机，可用于捕捉图像
- 测量卷尺或物品，可作为非标准测量工具来计算物体的长度和宽度
- 小袋子，可用于收集样本

当您邀请家长一起进行实地考察时，在考察前与他们会面非常有意义——考察前的会面可以指导他们帮助幼儿开展活动与记录体验。（有关教师为家庭成员准备的实地考察书面说明，请参见附录 E 和附录 F。）

孩子们通常会生动地、详细地记忆最近发生的事情。实地考察回来后，您可以在当天或第二天组织一次讨论，以帮助孩子们回顾这次实地考察。您可以展示在该地拍摄的照片或视频，以帮助孩子们重温体验，使考察的情景在他们的脑海中重现。您也可以邀请幼儿，按照事件发生的顺序整理照片。当教师选择的照片较少时，甚至连一些蹒跚学步的幼儿都能为照片排序。

如果孩子们在现场收集物品，他们可能希望将自己的收藏品与同伴的收藏品进行比较，并按不同的属性进行分类。幼儿还可以分享自己的实地考察记录，并查看在现场收集的物体样本。您也可以邀请幼儿与同伴分享自己在实地考察时画的写生速写图，并谈论他们所画的内容。因为这样做，可以提醒幼儿更加注意在现场中引发自己兴趣的事物，这可能会对项目活动的进一步开展有所帮助。

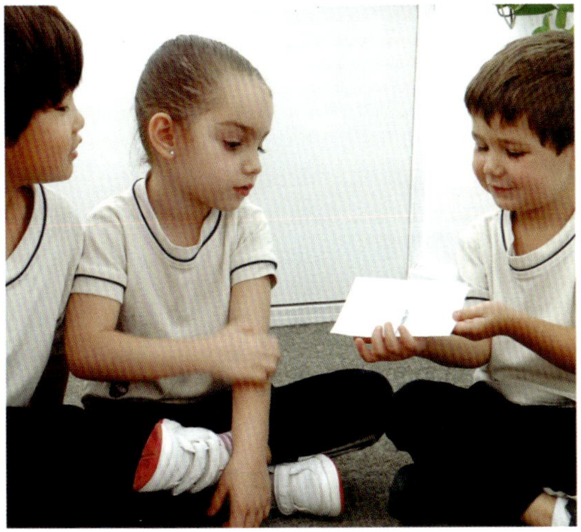

此时，您和孩子们可以一同查看最初的疑问列表，将疑问与幼儿的预测进行比较，并确定哪些疑问在现场得到了回答、哪些疑问尚待调查。在项目工作提供的诸多示例中往往会呈现以下的情况，即围绕某个疑问的回答可能会引出更多新的疑问。因此，任何受实地考察启发的新疑问，都可以被添加到原始列表之中。这样，经过考察，还可以帮助您确定孩子们的兴趣，并为接下来的工作奠定基础。您可能会想引入相关图书、浏览网站，或者使用其他任何可以提供附加信息的资源。

与专家交流

有时，出于多种原因，教师将整个班级带到某个地方去考察，可能会非常具有挑战性。教师也可以邀请相关“专家”到学校，请他们为孩子们提供有价值的信息，从而丰富、深化围绕某个项目专题的研究。所谓“专家”，其实就是比幼儿更了解该项目专题的任何人，可以是幼儿的家长、当地的专业人士，甚至可以是学校里的工作人员等。您还可以使用信息技术手段，让幼儿与远距离的专家进行线上的交流协作。您会发现，愿意与幼儿交谈的人其实比您想象的要多。

幼儿表达想法与理解

随着围绕某个项目专题进行的研究越来越深入，孩子们开始发现某些疑题的答案，也开始展示自己所学到的东西。班里的孩子们通常会分为几个较小的小组，每个小组的孩子都对项目专题的某个方面有着相似的兴趣。

例如，在水果项目中，有的孩子可能对不同种类的水果感兴趣，有的孩子可能会更关注水果的食用方式，还有些孩子可能更愿意研究水果的销售地点等。

请为孩子们分组，而不是让他们单独学习，这不仅有助于他们在活动中树立合作意识，还可以为幼儿和成人提供共同学习与相互学习的机会。年龄大一些的幼儿通常拥有更多在教师的指导下进行合作的经验，而年龄稍小一点的幼儿也可以从相互合作中受益，从而实现一个共同的目标，即促进其社会与情感能力的不断发展。

学步儿的情绪发展仍处于以自我为中心的阶段。虽然一部分学步儿可能会注意到同伴正在做的事情，并表现出兴趣，但有的幼儿可能不会这样。当您鼓励他们一起创造一些东西时，他们通常会同时开展工作。他们虽然可能并排或面对面，但仍会专注于在自己的空间中做事，而不是一起合作做某件事。这种安排不会降低这种共享体验的价值，它为合作工作奠定了重要的基础。

探索表达认知的工具和材料

不同年龄段的幼儿都可以使用相当多的表达策略和技巧。幼儿需要充足的时间来探索工具和材料（如黏土、油漆、画笔、记号笔、胶水和剪刀等）。如果他们能在学习具体的表达技巧之前做到这一点，那将会大有裨益。一些教师可能会对是否应该鼓励幼儿使用不同的材料感到犹豫，因为他们可能会担心安全问题或教室可能会变得不太整洁。然而，当幼儿被指导使用这些工具和材料时，他们通常非常有能力并愿意遵循规定的步骤。为幼儿尽可能地提供多种材料，并让幼儿在您的指导下选择使用材料，通常会产生很好的效果。

表征（representaion）的多样性和复杂性可能会有很大差异，这取决于幼儿的成熟程度，以及其使用材料、工具和方法的能力。某些形式的表征可能更适合年龄较小的幼儿，而另一些形式的表征可能更适合年龄稍大的幼儿。

比如，学步儿和幼儿园阶段幼儿可以通过用积木或其他材料进行搭建、参与戏剧表演、制作模型，素描以及绘画等方式，很好地表达和表现他们的理解。一些较成熟的幼儿园儿童和小学生可能通过制作地图、图表、网络图、时间表等形式，并可能通过写作与使用数字媒体组合演示的方式来表达和表现他们的理解。

儿童的年龄越大，越会对现实世界对应的表征方式感兴趣，他们会希望自己的成果作品能令人满意地与自己正在学习的现实世界相对应。重要的是，请一定记住，表征作品不需要在视觉上很漂亮、很完美，表征作品的美丽和价值在于它是否能反映出其背后幼儿学习和理解的过程。

自然地，孩子们会从自己直接参与过的探索活动中学到更多，并且他们也能从同伴所做的活动中学到很多东西，因为同伴的活动让他们看到所研究的项目专题的其他方面、其他形式的表征策略和材料，以及同伴在进行创作时遇到的挑战。

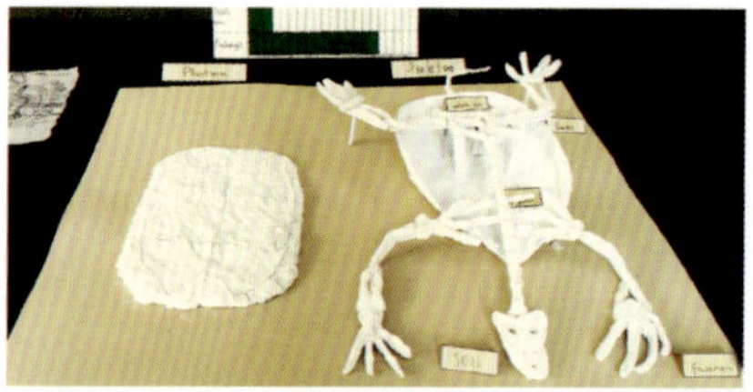

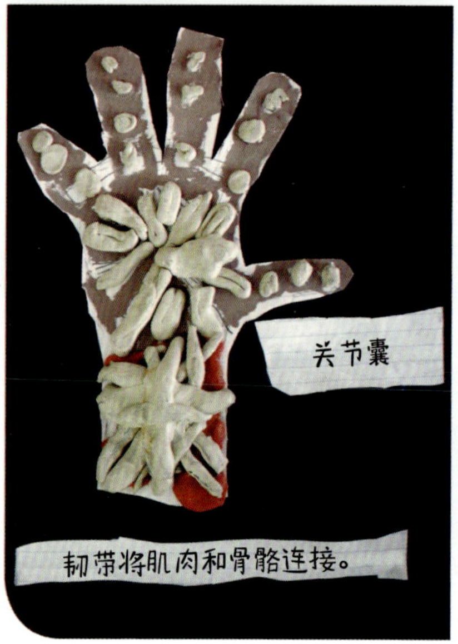

车窗
门
轮胎
车辋

BlaC Keip
BeRd

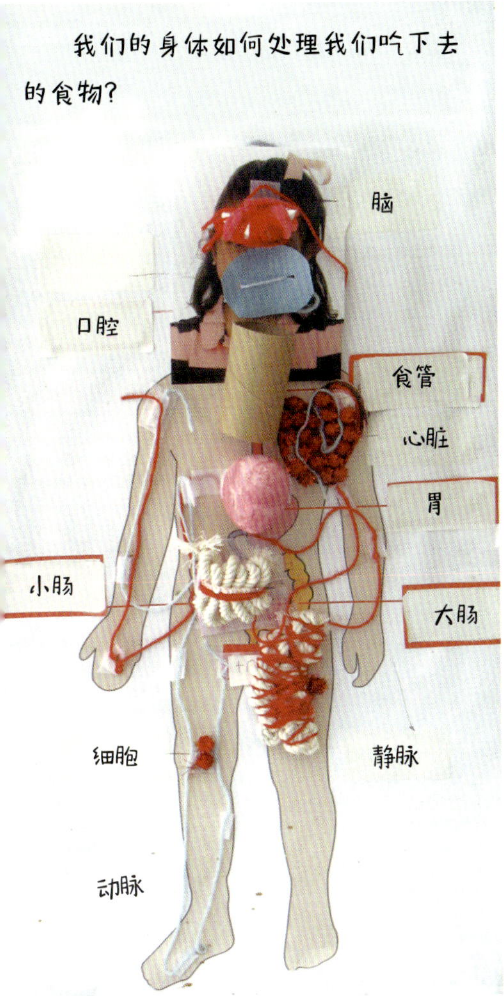
我们的身体如何处理我们吃下去的食物?
脑
口腔
食管
心脏
胃
小肠
大肠
细胞
静脉
动脉

蜘蛛的
生命
周期

毛毛虫
蛹
蝴蝶

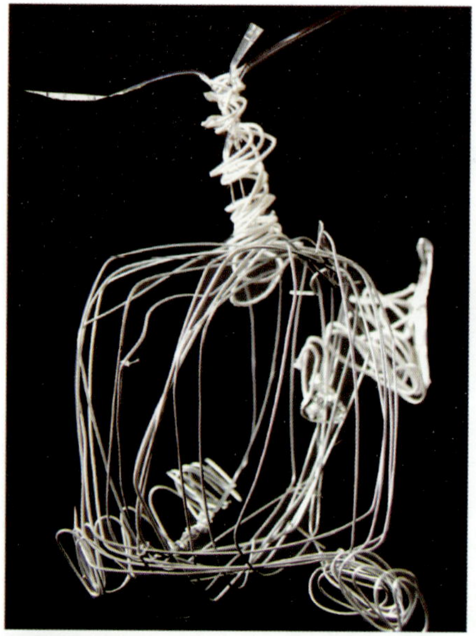

表征的持续时间可能会有很大差异。然而，它通常会占据项目活动时间的最大部分。幼儿每次投入讨论的时间也可能有所不同，但他们通常会参与表征过程，可能想要长时间地进行创作。考虑规划一些不间断的持续讨论，会是一个好主意。您可能还需要考虑在教室里安排空间，用于存放孩子们的作品（如模型或绘画），这些作品需要在几周内被不断地修改和完善。在项目的第二阶段，墙壁上的展品可能会发生很大的变化。它们现在可能反映了实地考察期间的经历、专家在课堂上的分享、正在开展的工作流程，以及孩子们提出的疑问的答案。当幼儿被含有丰富的信息和具有吸引力的作品包围时，他们会被吸引并对其仔细端详。您可以使用特定的作品集来对项目专题的某个方面展开讨论，也可以鼓励孩子们观看特定的墙壁展示，这有助于他们发展自己的表征能力。这些已经发生过的事情及孩子们作品的展示，会鼓励班级的所有成员检查和评估他们自己的经历、正在使用的技术策略及解决问题的方法。

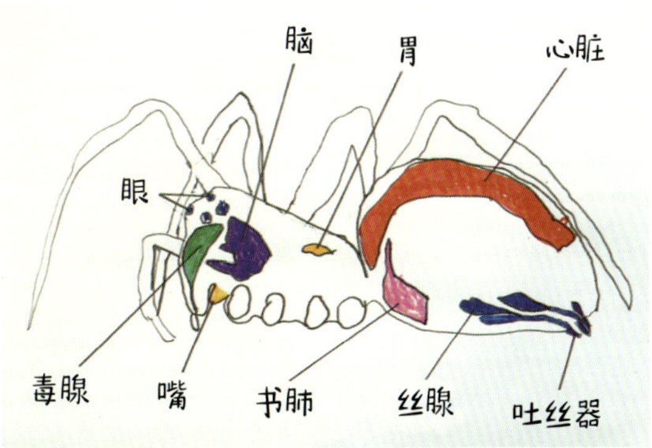

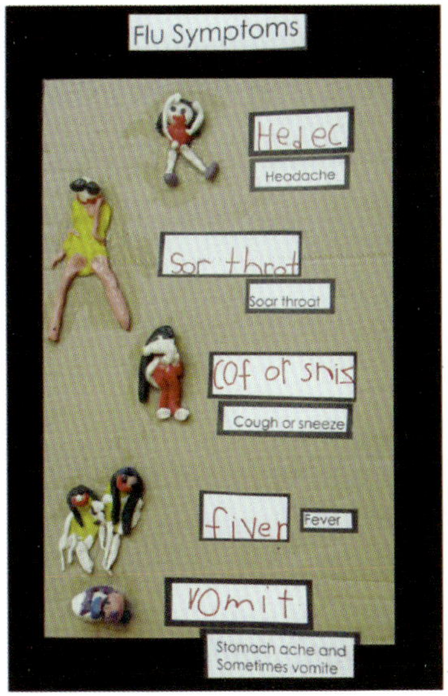

（“Flu Symptoms”的中文意思为“感冒症状”，“Headache”即“头疼”，“Soar throat”即“嗓子疼”，“Cough or sneeze”即“咳嗽或打喷嚏”，“Fever”即“发烧”，“Stomach ache and Sometimes vomite”即“肚子疼，有时会呕吐”。——译者注）

第五章

总结项目

在第三阶段，您将专注于总结项目并分享儿童的学习成果。

- 教师将决定何时结束项目探究。
- 在教师的指引下，儿童回顾并总结项目探究期间所做的工作。
- 教师评估儿童在探究过程中对项目专题的理解程度。
- 教师在与儿童协商后，将设计一个最终活动，与更大的学习共同体的成员分享项目工作。

第二阶段的项目探究进行了数周之后，您将决定何时、如何结束项目。在做这个决定时需要考虑几个因素：确定孩子是否希望继续项目探究；分析班里的孩子们是否通过探究和多种方式的表达，回应了他们的大部分疑问；还需考虑到假期安排——假期可能有助于孩子们从一个项目过渡到下一个项目的探究。

这是通过教室墙壁和书架上的记录展板来回顾项目故事的好时机。您可以重新审视发生的事件，识别幼儿在项目探究中使用的技能，并检查幼儿创作作品的过程。孩子们可能会反思他们独自和集体完成的工作。您可以指引幼儿评估自己在项目探究期间取得的进步，让他们欣赏自己不断增强的能力和对事物的理解。

第一张自行车图

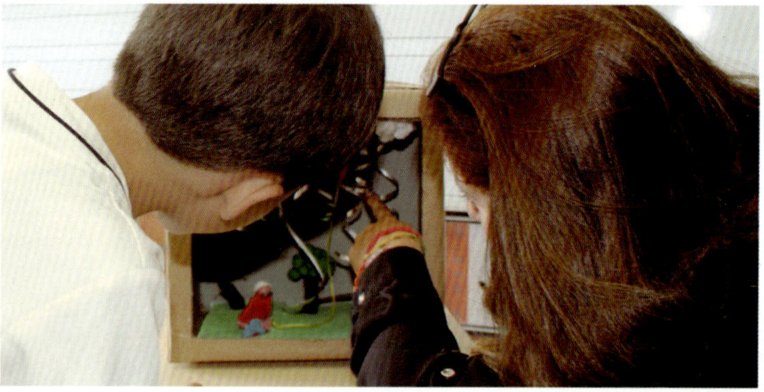

第二张自行车图

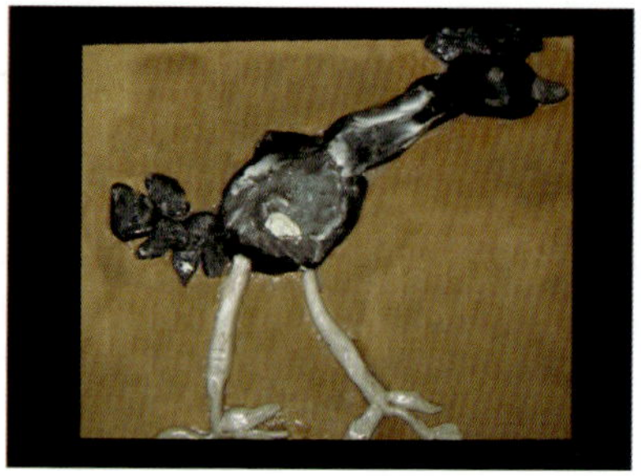

教师通常决定如何结束和分享项目工作。但是，请听取孩子们的建议，因为很多时候，他们其实会表现出积极主动性，并能为最终的活动贡献好主意。

年幼的孩子和年长的学习者都同样渴望与家人、教师和同伴热情地分享他们的工作。当他们展示自己参与探索或工作成果的照片时，他们会表现出主人翁的态度和自豪感。大多数幼儿都能指着自己的作品，讲述其表征的故事。

您有多种选择来结束项目探究。您可能想邀请其他班级的幼儿、家庭成员或其他访客来参观项目记录展。该展示可以包括工作中幼儿的照片、解释项目进展的故事叙述，以及幼儿的作品。（有关邀请家庭成员的示例，请参见附录 G。）

另一种选择，是将演示文稿汇总在一起，包括幼儿在对项目专题进行研究期间参与的事件及过程中的照片、视频等。

许多教师会选择保留孩子们的作品，并将其制作成一本班级项目专题研究的图书，或者将每个孩子的作品放在一个文件夹中，以便他们可以带回家与家人分享。

其他教师更倾向于设计一个闭幕活动来结束项目探究，以突出展示孩子们在项目探究中的经历和他们获得的知识。例如，一名教师和班上的幼儿在幼儿园里开设了一家餐厅，以展示他们对此类机构的运营方式、人们从事的不同工作、人们穿着的制服及他们所使用的设备的理解。

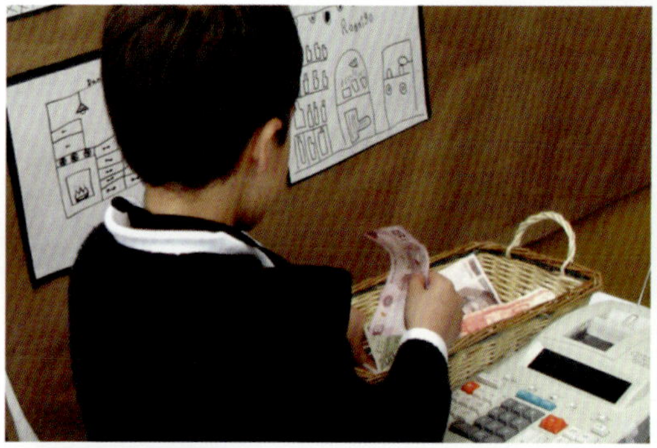

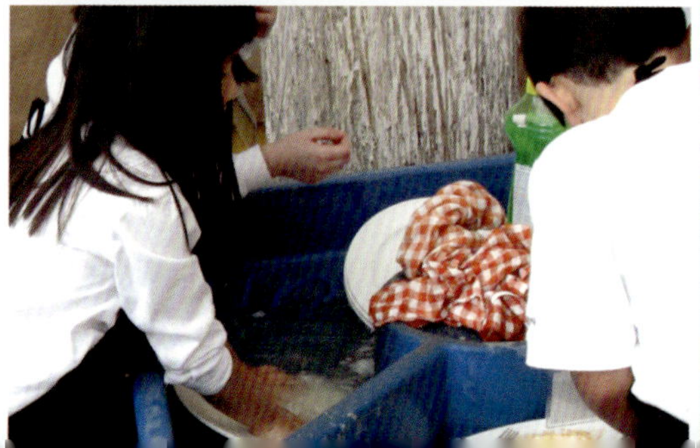

一些年龄小的幼儿可能不太喜欢在家里谈论在学校（幼儿园）里发生的事情，还有一些幼儿可能会以家庭成员难以理解的方式描述部分项目探究工作。当家庭成员有机会看到项目的总结时，他们会更加了解幼儿在学校（幼儿园）的所作所为，并且可能会因有机会参与学校（幼儿园）生活而感到欣慰。

项目的第三阶段是用来反思和评估所学知识的时间。这也是探索关于新话题的新想法，以及如何应用在学习过程中掌握的新技能、新策略的好时机。

Party
PEPE
victoria

第六章

在项目研究中支持幼儿的社会与情感能力发展

教育项目通常强调认知发展和学业标准的可测量成果，但其实，幼儿的社会与情感能力发展也需要被认真关注。

心理研究表明，幼儿可能会从社会与情感能力（如调节他们的情绪、解决问题、做出选择、坚持完成他们打算完成的任务、与他人合作等）的发展中获益。这些执行力将使幼儿能够设定目标并实现它们，为在家庭、学校（幼儿园）和更大的群体中互动和建立健康、和谐的关系奠定基础，并帮助幼儿获得知识和认知技能。（有关项目教学如何促进社会与情感能力发展的详细示例，请参见附录 H。）

通过项目教学，幼儿在智力投入和做出真诚的选择的同时，能够发展社会与情感能力。幼儿在教室里活动的倾向会因目标感而得到加强，而项目教学可以支持这种目标感。幼儿可以为他们从事的工作承担一些责任，教师可以创造条件让幼儿得以完成自己的计划。

与系统性指导（systematic instruction）相反，开展项目教学活动的教师不会根据是否符合要求，或是否达到预估的技能掌握和知识理解目标来评估学生。在项目教学活动中，教师会从不同的角度看待幼儿，比如幼儿的个人优势、能够胜任的事情、做什么事感到更加自信、如何利用自己的能力等。因此，当孩子们投入与项目相关的任务中时，他们可以依靠教师或其他成年人的专业知识并得到指引。这个过程能使幼儿获得成就感，增强他们的自尊心，鼓励他们努力实现自己的个人目标。使用过项目教学法的教师发现，幼儿经常能从努力工作、团队合作和克服困难中获得满足感。

项目教学法还有一个目标，那就是让幼儿体验以班级为共同体的工作。在这里的每个人都被鼓励、被期待，并能以不同的方式为整个小组的学习做出贡献。

幼儿与同伴合作

与同伴合作可以激励幼儿提出疑题、共同计划、发挥自己的优势、讨论挑战、动手操作、解决问题、协商解决方案并分享工作。幼儿在分享自己经历的故事的过程中，也会对分享的内容或自己关于某话题的经历有何独特之处感到好奇。当孩子们互相倾听并一起工作时，他们也会对同伴的疑问和关注点越来越感兴趣。接下来，幼儿就可以与其他同伴合作或分组进行研究，一起寻找疑题的答案，并参与反映他们所学知识的表征过程。

幼儿与成人合作

扮演专家角色的成人对于项目的发展至关重要。他们提供有关幼儿正在研究的专题的第一手信息。实地考察现场的工作人员通常会与幼儿分享他们的专业知识。有特殊兴趣的幼儿可以提出自己心中的疑问，小组中的每个人都可以从专家的回答中受益。在与他人分享和交流专业知识时，孩子们往往会感到非常有成就感。通过观察、倾听和与幼儿交谈，成人也可以深入地了解幼儿的思维方式、理解方式和工作方式。

作为一名教师，您的这一角色在帮助幼儿获得集体归属感方面至关重要。在集体学习活动中，每个人都可以贡献自己的技能、知识和见解，以实现单独个体难以实现的目标。

第七章

在项目研究中促进STEM学习

立法委员与教育工作者正在认识到科学、技术、工程和数学（STEM）教育的重要性。这些教育在就业市场广受欢迎，对于解决社会与国家未来将面临的复杂问题具有关键性的作用。项目教学法及其框架，可以自然地促进幼儿园儿童及小学低年级学生（early elementary students）[1] STEM技能的发展。

在项目教学及STEM导向课堂中出现的学习方法，与一些已发布课程中预先计划的课堂有很大不同。尽管项目教学支持不同学科领域中用于应试的课程标准，但是教师不会在项目教学或综合的STEM教学中为了应付考试而教。教师要注重知识和技能的实际应用，使幼儿在亲身体验中产生学习的内在动力。

[1] 美国教育体系中5岁为小学入学年龄，本书中的小学低年级学生包括5岁儿童。——译者注

STEM教学和项目教学以相似的方式支持学习者学习。

- 二者都注重学生的主动学习。
- 二者都支持这样一种观点：当幼儿可以利用自己的已有知识形成与现实世界相关的新认知时，学习效果可以达到最大化。
- 二者都旨在提高幼儿提出疑问、做出预测、收集数据以及进行研究的能力。
- 二者都为幼儿提供了单独学习和与他人合作的机会。
- 二者都鼓励幼儿追随自己的兴趣，在研究某个专题或解决问题时表现出主动性。
- 二者都希望培养幼儿跨学科学习的能力。

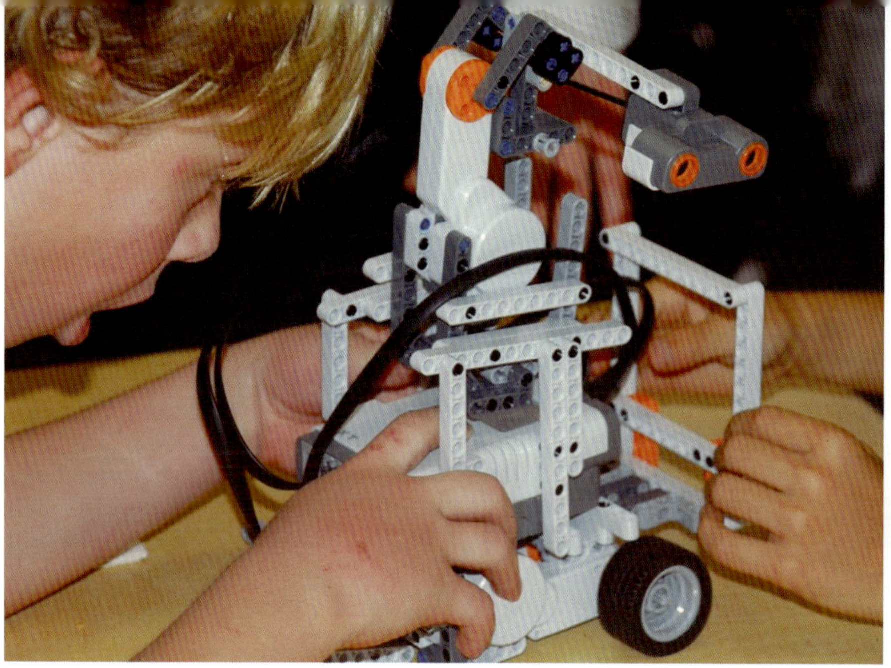

STEM 教学鼓励幼儿提出疑问，并为自己发现的问题制定解决方案。幼儿调查研究并反思自己学到的知识。项目教学同样注重培养幼儿这些方面的技能，支持幼儿努力追随自己的兴趣，并通过有意义的经历、与他人和环境的互动，来获得 STEM 的相关能力。通过这样的教与学方式获得的经验，将有助于培养幼儿当下和未来生活中所需的批判性思维和解决问题的能力。（更多有关项目教学支持 STEM 教学目标的内容，请参见附录 I。）

第八章

项目故事分享

在本章中，您将阅读到在墨西哥的墨西哥城的一所学校里实施项目教学法的故事。该学校在15年前组织2—6岁的幼儿开展了项目研究。几年后，学校也在整个小学阶段实施了这种教学法。这所学校的学生家长经常说，项目教学使该校与众不同，这也成为他们让孩子就读这所学校的一个重要原因。此外，由于对项目教学工作的兴趣，寻找就业机会的教师也被吸引到该学校。

鱼之家：鱼缸项目

- 面向2—3岁幼儿
- 项目活动的持续时间为10周

第一阶段——开始项目

凯伦老师班上的孩子们很喜欢看她放在书架上的书。其中有几本书与鱼有关。她经常观察到，孩子们似乎对鱼很感兴趣，便开始更仔细地倾听孩子们关于这个话题的对话。几个孩子在家里把鱼当作宠物来养，并与同伴分享他们的经验。凯伦老师注意到，班上有不少孩子都对鱼充满兴趣，持续了几周。于是，她决定选择“宠物鱼”作为深入研究的课题。

她开始设计项目专题网络图，以构想围绕这个专题进行研究的各种可能性。

为了引起班上所有孩子的兴趣，凯伦老师带来了一个空鱼缸，将其放在架子上，以使每个人都能看到。孩子们立刻在教室里注意到了这个新物体，并被它深深吸引。有的孩子指着鱼缸，其余的孩子走近它，仔细观察后开始与同伴谈论它。刚开始的几天时间里，教师记录下了一些孩子说的话。

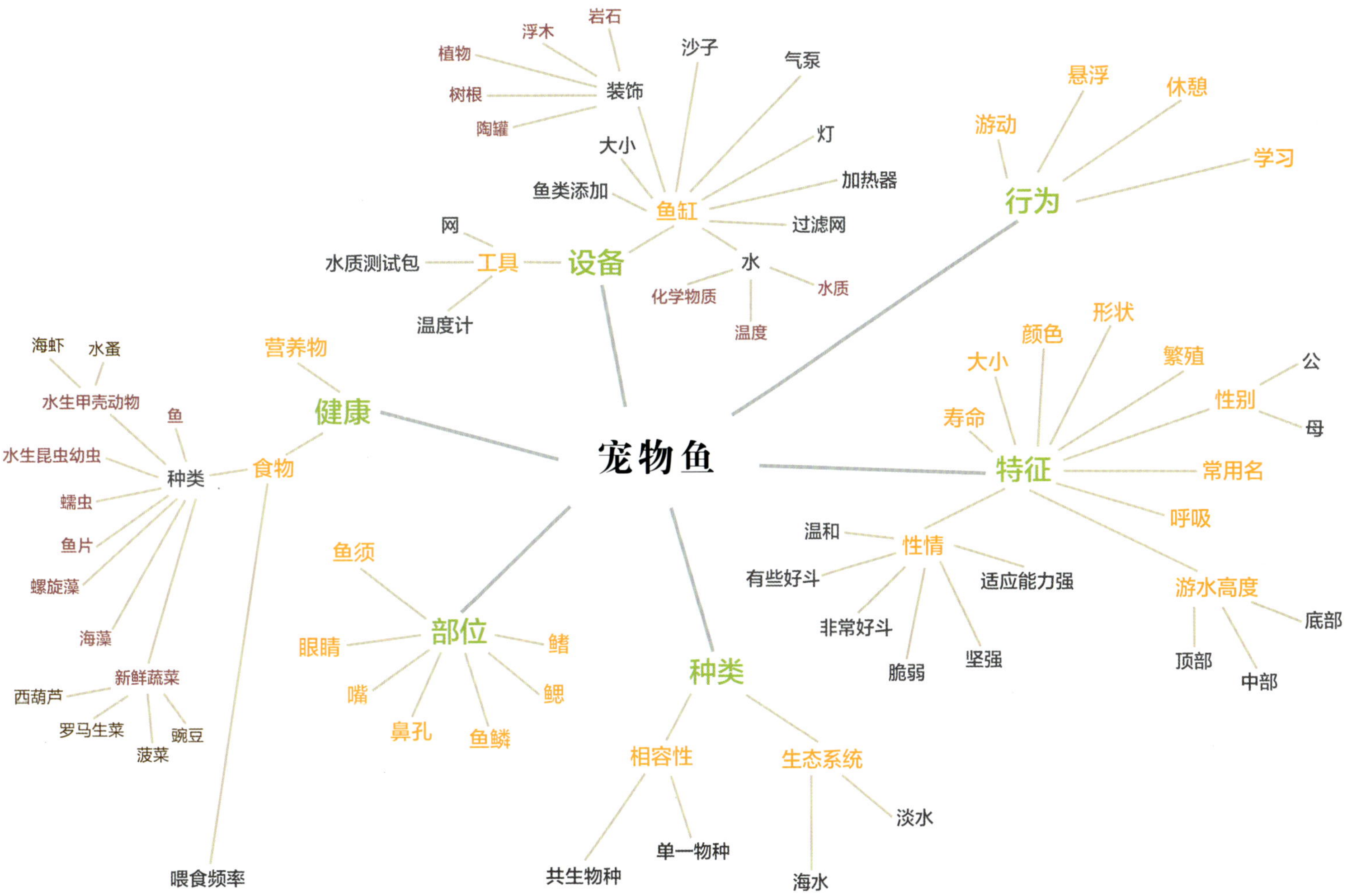

宠物鱼
设备
鱼缸
装饰
岩石
浮木
植物
树根
陶罐
沙子
气泵
灯
加热器
过滤网
大小
鱼类添加
水
水质
化学物质
温度
工具
网
水质测试包
温度计
行为
游动
悬浮
休憩
学习
特征
大小
颜色
形状
繁殖
寿命
性别
公
母
常用名
呼吸
性情
温和
有些好斗
非常好斗
脆弱
坚强
适应能力强
游水高度
顶部
中部
底部
健康
营养物
食物
种类
海虾
水蚤
水生甲壳动物
鱼
水生昆虫幼虫
蠕虫
鱼片
螺旋藻
海藻
新鲜蔬菜
西葫芦
罗马生菜
菠菜
豌豆
喂食频率
部位
鱼须
眼睛
嘴
鼻孔
鱼鳞
鳍
鳃
种类
相容性
共生物种
单一物种
生态系统
淡水
海水

“宠物鱼”项目专题网络图

“那个是什么？”“这是一个鱼箱。”“这可是个很大的盒子。”“鱼的房子。”“需要有一张床，让鱼能睡觉，这样它们醒来就会唱歌跳舞。”“鱼在水里游。”“它们有嘴、鼻子和翅膀。”“它们需要吃东西——它们可以吃比萨。”“还有生菜和苹果。”“房子里要有水。”“它们需要阳光和大量的水。”“房子需要一个屋顶。”

在分析了孩子们的评论和对话后，教师确定了以下几个需要进行研究和讨论的疑题：

- 布置一个鱼缸需要哪些东西，它们分别有什么作用？
- 宠物鱼吃什么？
- 鱼的身体有哪些部位？

为了继续评估孩子们已有的知识，教师请孩子们凭记忆画出一些初步的关于鱼的图画。

一条有许多眼睛和手的大鱼。两条小鱼。它们在水里游动。这是它们的水房子。

这是阿卡波可，这些是鱼。当我走近时，鱼都游走了。这是水，还有方便鱼睡觉的卧室。这里还有一盏台灯。（氏伦蒂娜）

有些孩子会进行绘画，将假设要放在鱼缸里的东西画出来。他们预测空鱼缸里需要一盏灯，一个厨房，一个有床、毯子和挂画的房间，一个卫生间，食物，提供食物的超市，鲜花，玩具和水。

第二阶段——发展项目

现在，凯伦老师已经为孩子们准备好学习体验计划，帮助他们探寻他们心中疑问的答案。出于安全和后勤保障原因，这所学校里的学步儿通常不参加实地考察。教师经常会依赖专业人士或使用数字媒体，以便幼儿可以获得更多信息，本案例就是最好的佐证。

首先，凯伦老师投影了鱼的图像——引导幼儿观察不同品种的鱼的特征——和已经布置好的鱼缸的图像。孩子们一边看着投影图像，一边交谈并做笔记。

在这次体验之后，凯伦老师邀请了一组幼儿使用平板电脑合作设计需要在鱼缸内布置的元素，从而布置好一个数字化的虚拟鱼缸。

这个小组的幼儿与全班同学分享了他们所制作的数字化的鱼缸图像。它展示了一个鱼缸，其中包括岩石、树枝和植物等自然元素。

接下来，凯伦老师邀请了一位专家来帮助孩子们布置鱼缸。他回答了孩子们提出的许多关于鱼缸中应该包含哪些元素的疑问，与他们讨论了哪些元素是必不可少的，并向他们展示了如何布置鱼缸。

孩子们全神贯注地观看专家如何布置鱼缸，而且他们很快就发现里面没有鱼。

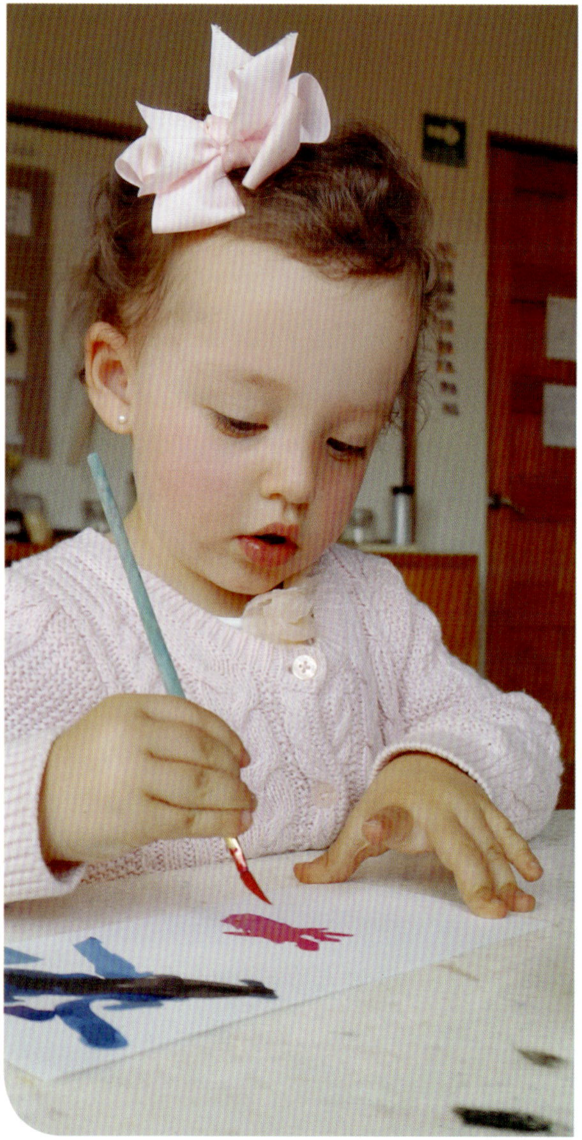

为了确定大家想买什么样的鱼放进鱼缸，凯伦老师邀请幼儿把他们的宠物鱼带到教室里，让全班孩子观察。

趁着孩子们与不同种类的鱼互动的机会，凯伦老师邀请了其中一名幼儿的妈妈来聊一聊鱼的解剖结构，以消除孩子们的一些认识上的误区。孩子们学习了鱼的某些身体部位的名称，并且能够理解鳍和翅膀的区别——一些孩子以前认为鱼有翅膀。

班里的一个孩子佩德罗说："我可以带鱼来！"

几天后，佩德罗和他的妈妈带着两条装在塑料袋里的金鱼，走进了凯伦老师的班里。凯伦老师打开袋子，让鱼游进鱼缸。对于班上的每个人来说，这都是一个热切期待的重要时刻。佩德罗和他的妈妈还带来了鱼食，以及清洁水箱的工具。

孩子们了解到鱼每天应该吃多少、吃多少次。凯伦老师还创建了一个日历，以便每个人都有喂鱼的机会。

第三阶段——总结项目

经过数周的探索，凯伦老师决定，尽管新的疑问仍在不断出现，但孩子们已经回答了最初提出的原始疑问。现在，是时候结束这个项目了。

她花时间分析孩子们对鱼的表征作品，评估他们的理解在整个项目过程中如何演变。

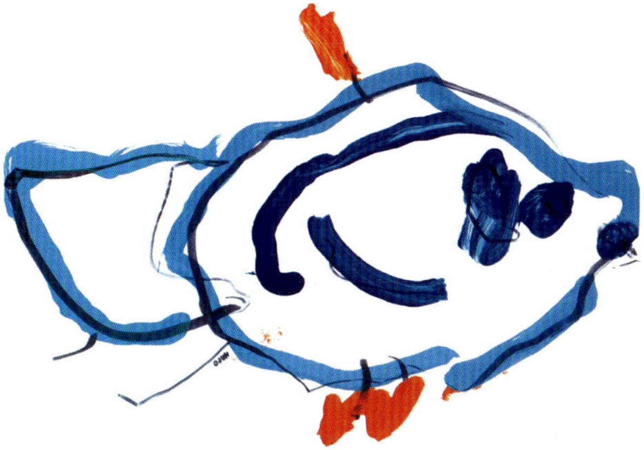

雨果第二次根据记忆绘画。

雨果第一次根据记忆绘画。

雨果观察鱼之后画的一条鱼。

凯伦老师还决定策划一个闭幕活动来分享项目研究的历程。她希望每一名参观者获得一种置身于鱼缸中并在鱼缸中行走的感觉。凯伦老师和她的学生将教室变成了一个巨大的鱼缸复制品，这个鱼缸是他们在整个项目过程中创设的。孩子们用废弃的塑料容器和布片来制作鱼。他们还用绘画和模型来代表植物和岩石。

闭幕活动举行的那天，凯伦老师与家长分享了幻灯片，重点介绍了她的学生在项目开展期间的学习经历。最后，幼儿同家长一起走进模拟的鱼缸教室，自豪地分享了他们在项目活动中的图片、过程及成果等。

汽车项目

- 面向3—4岁幼儿
- 不同班级的两位教师合作进行同一专题的研究
- 项目持续时间为8周

第一阶段——开始项目

罗丝老师和玛尔老师是同一年级的两位教师。她们认为，两个不同班级的幼儿与家长协作共同研究同一个项目专题，将是一次有趣的实践。她们还认为，这将是一个她们一起学习、相互学习的机会。她们就哪些项目专题是有意义、与幼儿的生活相关以及适合幼儿学习的进行了讨论。在考虑了几个选题后她们确定，对汽车进行研究可能是一个很好的选择——因为大多数家庭每天都开车出行。教师们制作了一张项目专题网络图，来设想幼儿研究的许多可能性。她们决定在假期开始前做好计划，因为项目工作需要有组织地进行。她们开始收集可以使用的物品及资源，并思考这个专题可能为孩子们提供哪些调查、展示和应用技能的机会。

寒假结束后，玛尔老师向全班讲述了她在假期里的汽车旅行。她向大家展示了照片，告诉孩子们她旅行的路程、不同类型的道路及高速公路，甚至还讲述了她遇到的汽车故障。接下来，她访问了罗丝老师的班级，并做了同样的分享。

两位教师把班里的孩子们聚在一起，分成小组，邀请他们分享关于汽车的故事。大多数孩子积极踊跃地参与，并进行了许多关于这个话题的分享。他们的一些故事与汽车的类型、尺寸、颜色和零件有关。有的孩子还谈到了事故、汽车抛锚、如何修理汽车，以及他们的家人在开车旅行时会去哪里等相关话题。

这是我和我妈，我们在车里面。她系好安全带后，再帮我系好安全带。

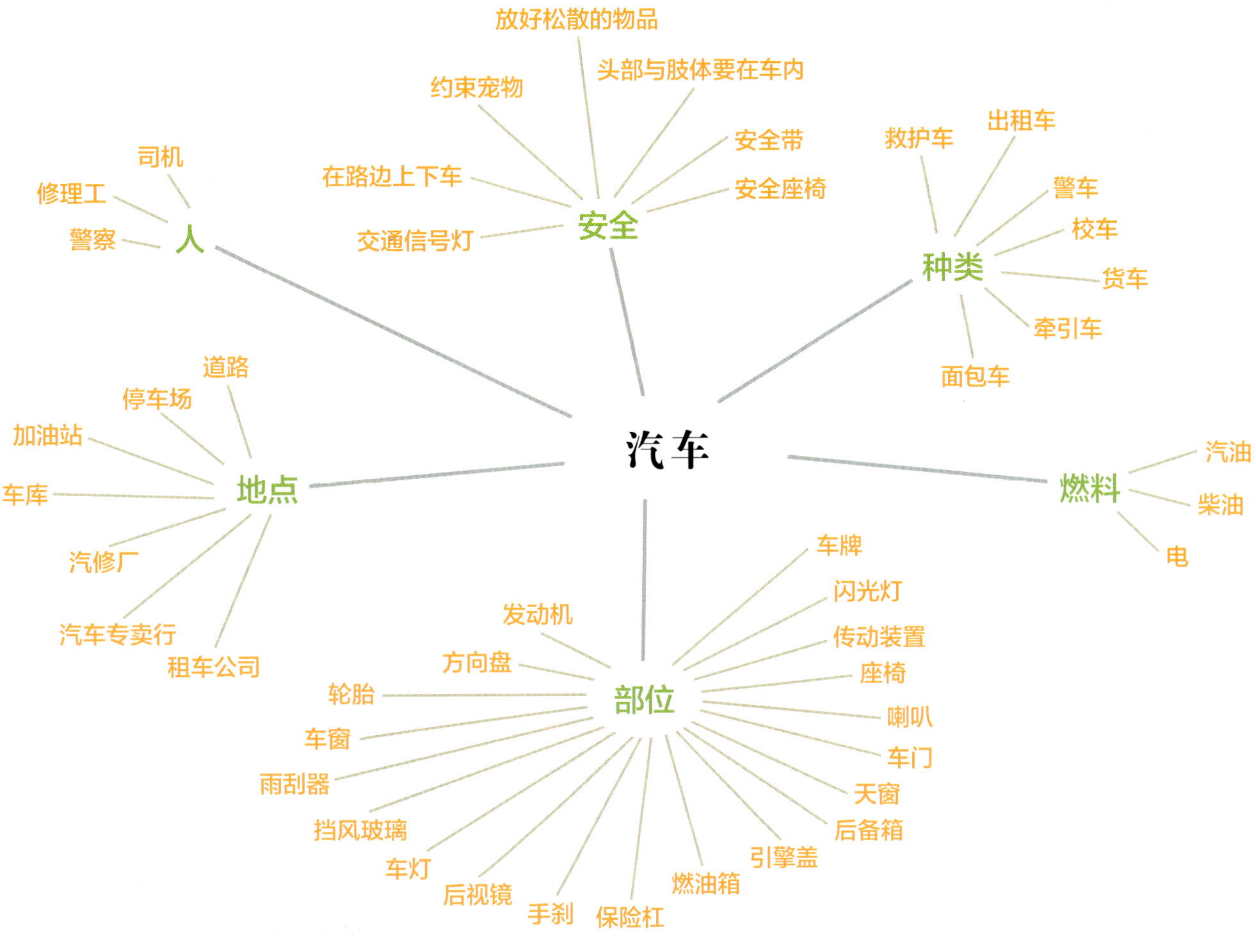
汽车
人
司机
修理工
警察
安全
放好松散的物品
头部与肢体要在车内
约束宠物
安全带
安全座椅
在路边上下车
交通信号灯
种类
救护车
出租车
警车
校车
货车
牵引车
面包车
地点
道路
停车场
加油站
车库
汽修厂
汽车专卖行
租车公司
燃料
汽油
柴油
电
部位
发动机
方向盘
轮胎
车窗
雨刮器
挡风玻璃
车灯
后视镜
手刹
保险杠
燃油箱
引擎盖
后备箱
天窗
车门
喇叭
座椅
传动装置
闪光灯
车牌

“汽车”项目专题网络图

玛尔老师和罗丝老师一起查看了所记录的幼儿对话和绘画作品，并识别出幼儿最初表现出浓厚兴趣、想进一步了解的研究疑题。

- 汽车有哪些不同的部分？
- 如何修理汽车？
- 汽车是如何被制造出来的？

教师们告诉孩子们的家人两个班级即将联合开展关于汽车的项目研究，并邀请他们做出可能的贡献。她们询问家长是否可以作为专家与孩子们交谈、分享材料或安排可能的实地考察。

第二阶段——发展项目

玛尔老师和罗丝老师确定了班上大多数幼儿感兴趣的话题，并相应地对幼儿进行了分组。

汽车有哪些不同的部分？

通过倾听这组孩子的对话，教师们发现，只有个别孩子知道一些关于汽车零件的专业词语，更多孩子不知道。她们还注意到，有些汽车的组成部分根本没有被孩子提到。

- “汽车有门和座位。”
- “汽车有在下雨时会移动的棍子。”
- “汽车后面有一个洞。我妈妈用它来放我们在超市里买的东西。”
- “汽车的喇叭会发出‘嘀嘀’声。”

在进行对话的同时，孩子们根据记忆合作绘制了一幅汽车零件图。

玛尔老师和罗丝老师邀请了一位专家，他把车开到了学校。孩子们可以近距离地接触汽车，仔细观察。这位专家谈到了汽车的不同部位、它们的用途以及它们的工作原理。

这组孩子通过拍照和录像记录他们的经历。他们制作了一本数字词典，与同伴分享他们学到的有关汽车零件的新专业词语。

如何修理汽车？

对这个话题感兴趣的孩子，就汽车为什么会发生故障、如何修理、由谁修理以及在哪里修理等问题进行了多次对话。他们做出猜想，并通过图画表达自己的想法。

教师们安排了一次在车库的实地考察，这样孩子们就可以消除一些误解，并对一些疑问进行解答。

当孩子们实地考察回来时，他们发现老师为他们准备了不同的汽车零件。通过戏剧表演，孩子们展示了他们在访问期间获得的知识。他们描绘自己所看到的过程，扮演他们见到的工作中的人，并在表演中使用了新学到的词语。

不同的医生负责修理汽车的不同部位。他们有治疗的药。

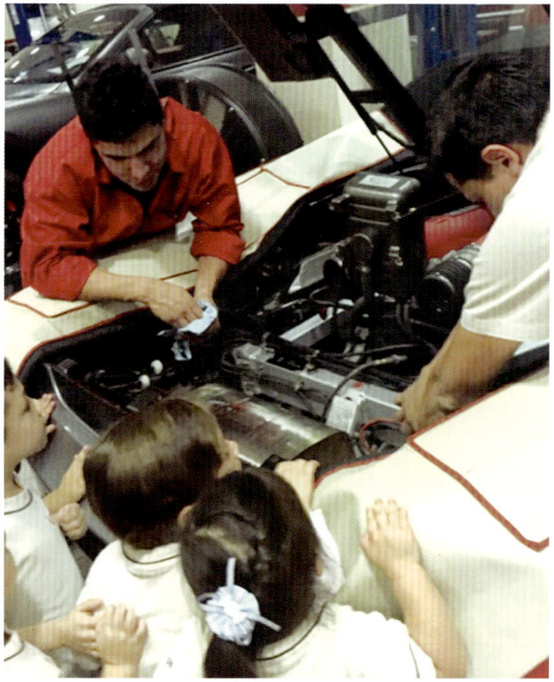

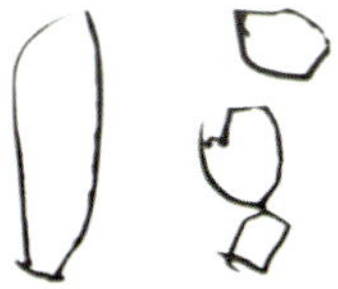

1. 首先要有轮子，这样车才能向前开。

2. 要有车窗，这样车内才会有空气。

3. 要有方向盘，这样车才能开。

4. 要有人们坐的座椅。

5. 要有给妈妈的座椅。

6. 要有发动机。

7. 要把这些东西组装起来！

汽车是如何被制造出来的?

这个小组的幼儿对汽车的制造过程有各种各样的见解。他们之间的讨论相当热烈，甚至有些激烈。有些幼儿同意部分同伴提出的意见，而另一些幼儿则强烈反对，并提出了不同的假设。为了与同伴达成一致意见，三名幼儿用画画的方式来表达他们的理解。

这些孩子做出解释后依然无法说服其他孩子，大多数人仍然坚持自己不同的假设。教师们认为，现在正是邀请汽车制造专家来分享的好时机。在进行了所有的讨论之后，幼儿渴望了解这个过程如何发生。专家向他们展示了一段视频，并讲述了汽车制造过程中的每一个步骤。听到孩子们提出的许多疑问，他感到很惊讶，并且非常乐意回答。

当专家解释“汽车首先被设计，然后才被制造”时，孩子们表现出了非常浓厚的兴趣。为了与其他人分享这些新知识，这个小组的孩子开始设计与制作汽车模型。

第三阶段——总结项目

玛尔老师和罗丝老师有很多内容要与同事们谈论和分享，因为这是幼儿园第一次让两个班级的教师和幼儿一起参与同一个项目的研究。两位教师评论说，她们觉得这样的工作很充实，因为她们有机会一起分析、讨论、解读、计划体验内容，以及评估幼儿的学习成果和项目进度。她们鼓励同事们尝试这种合作体验，这有助于大家相互学习。

正如她们在整个项目研究中所做的那样，两位教师共同决定何时结束该项目。她们邀请家庭和学校里的其他成员参加孩子们的成果展览活动。此外，这个特别的项目展示对其他教师来说也很有趣，因为它展现了这种合作体验如何促进两位教师的专业成长。

垃圾项目：减少、重复使用与回收利用

- 面向6—7岁幼儿
- 项目持续时间为9周

第一阶段——开始项目

一年级的科学课程中的一个单元要求学生了解环境、地球和宇宙。莫莉老师认为，让孩子们了解垃圾如何影响环境，以及环境变化对生活的影响，会很有意义。

教师设计了一张项目专题网络图，来探索垃圾项目的潜在可能性。

为了让孩子们对这个话题产生兴趣，莫莉老师将一个由废弃的塑料容器制成的花盆带到了班级。她讲述了一个故事——关于她如何将这个废弃的塑料容器变成一个有用且美观的物品。

班上的一些孩子讲述了类似的经历，他们通过口头、绘画和写作的方式与同学进行了分享。

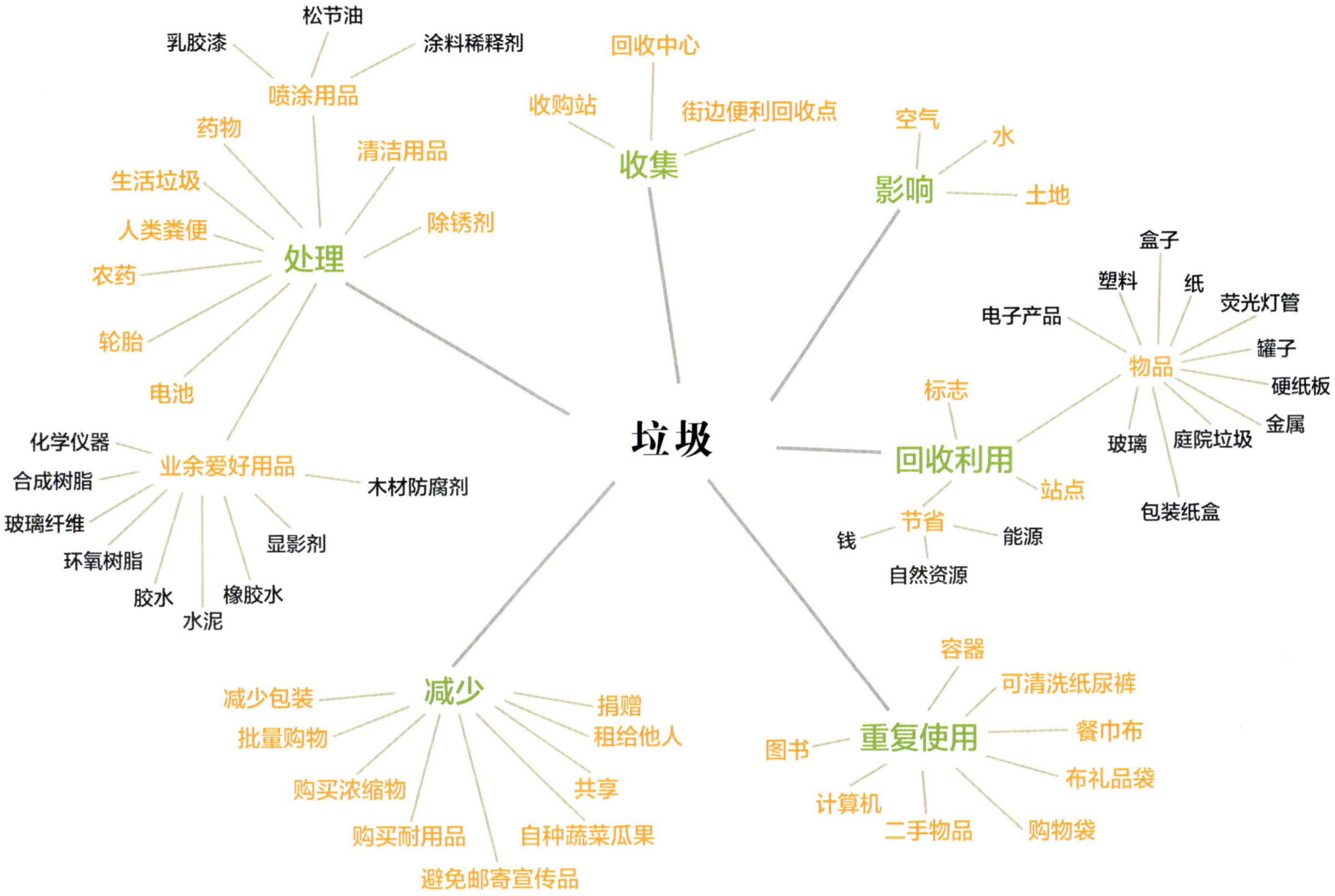
垃圾
处理
喷涂用品
乳胶漆
松节油
涂料稀释剂
药物
清洁用品
生活垃圾
除锈剂
人类粪便
农药
轮胎
电池
业余爱好用品
化学仪器
合成树脂
玻璃纤维
环氧树脂
胶水
水泥
橡胶水
显影剂
木材防腐剂
收集
回收中心
收购站
街边便利回收点
影响
空气
水
土地
回收利用
物品
盒子
塑料
纸
电子产品
荧光灯管
罐子
硬纸板
金属
玻璃
庭院垃圾
包装纸盒
标志
站点
节省
钱
能源
自然资源
减少
减少包装
批量购物
购买浓缩物
购买耐用品
避免邮寄宣传品
自种蔬菜瓜果
共享
租给他人
捐赠
重复使用
容器
可清洗纸尿裤
餐巾布
布礼品袋
购物袋
二手物品
计算机
图书

“垃圾”项目专题网络图

接下来，莫莉老师让学生从家里带来可以重复使用或回收的物品。在接下来的几天里，孩子们带着各种各样的东西来上课。他们带来了经常会被扔掉的物品，如瓶盖、玻璃瓶、塑料瓶、罐头瓶和杂志。他们还带来了不再使用的旧物品，如钥匙、旧珠宝和银器皿。

孩子们讨论了该如何收纳这些物品，决定将它们分成不同的类别。

这些一年级学生在教室里创建了一个区角，用于重复使用和回收物品，并邀请其他班级的孩子也提供物品。

在收纳了几天的物品，并且思考了它们的特性与可能性之后，孩子们提出了一些研究疑题：

- 为什么学校里有不同颜色的垃圾箱，上面的标志是什么意思？
- 学校产生的垃圾会被如何处理？
- “重复使用（reuse）”和“回收利用（recycle）”的区别是什么？
- 我们如何利用垃圾来制作物品？我们能用它们制作什么东西？

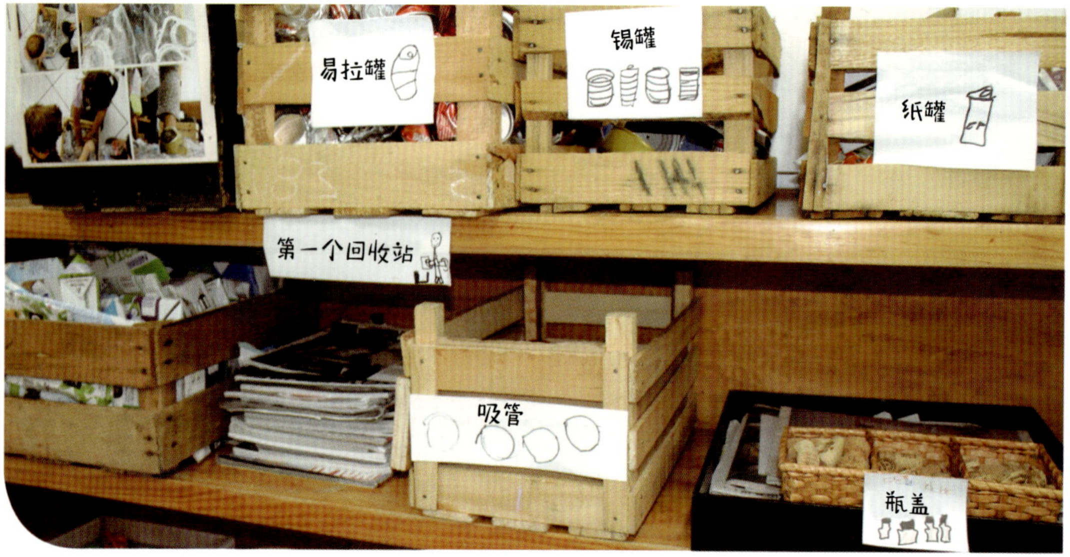

第二阶段——发展项目

莫莉老师在思考学生感兴趣的问题时设计了一些活动，以帮助学生找到答案，并获得有关该话题的新知识。

第一位来参观的专家是个维修人员，他解释了为什么学校里有不同颜色的垃圾桶以及每个垃圾桶的用途。他告诉幼儿应如何处理物品，并向大家展示了存放学校每天产生的所有垃圾的大容器。这组孩子对这次经历做了记录，以便与同伴分享信息。

初步构想

一些幼儿对他们研究的疑题提出了假设：

- “我认为要回收利用塑料瓶，你可以把它们放在阳光下，直到它们融化，你就可以再次利用它们。”
- “‘回收利用’意味着重复使用你将要扔掉的东西。”
- “不同颜色的垃圾桶用来装不同的东西。”

一组孩子画了一条时间线来展现他们从专家那里获得的信息。

为了研究“重复使用”与“回收利用”之间的区别，莫莉老师安排了一次对塑料回收厂的实地考察活动。

回收厂的专业人员解释说，“回收利用”意味着把一件物品变成可以再次使用的原材料，通常会用它制造出完全不同的产品。而“重复使用”，是指将一个未经处理的物品做成其他东西。

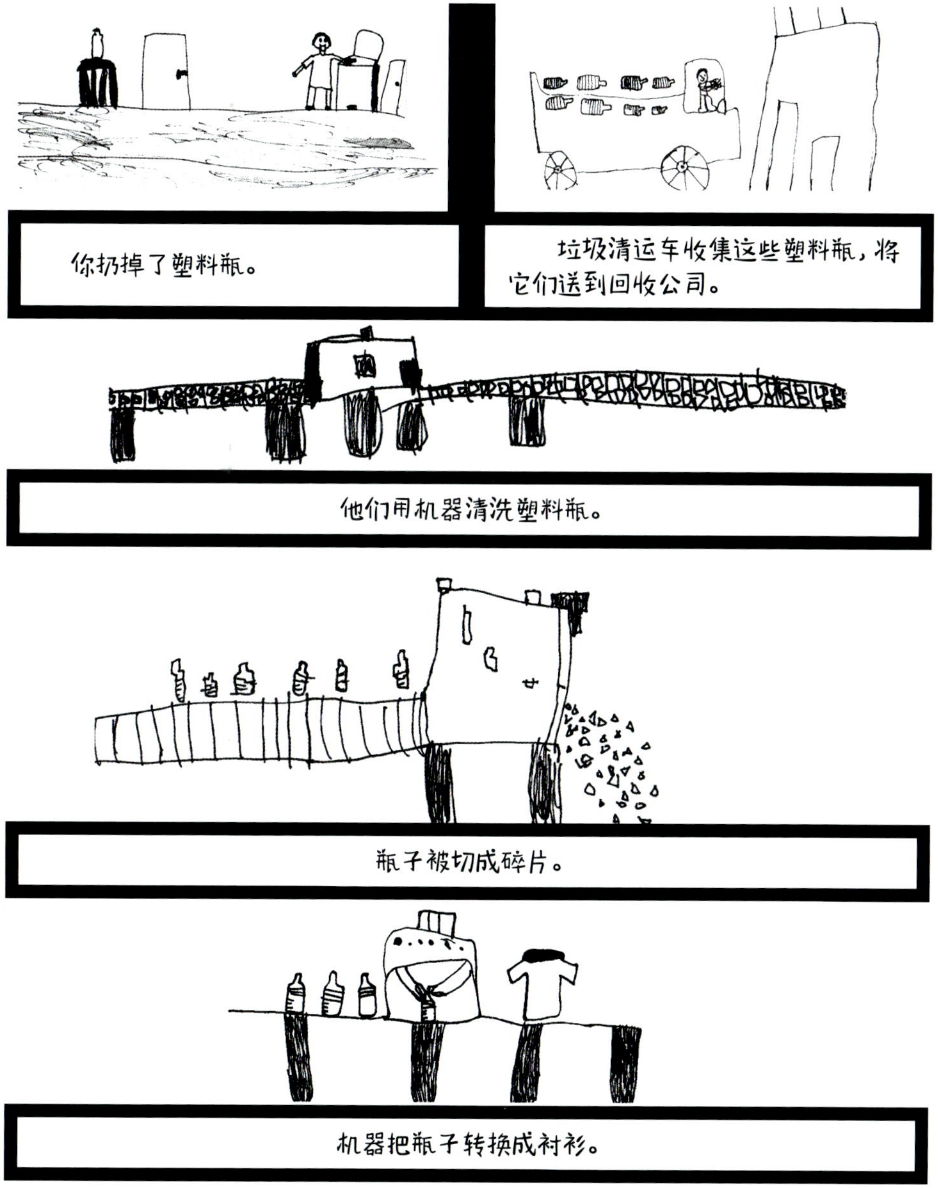

孩子们了解到，他们无法在学校或家里完成物品回收利用，但他们可以重复使用物品来制作新的东西。一组学生展示了回收利用物品的过程。其他孩子则通过重复使用收集的物品来制作新的东西。

孩子们提出的疑问中并没有出现“减少（reduce）”这个概念，但在专家们的帮助下，孩子们还是了解到了自己可以在学校和家中做些什么，以减少浪费。班上的许多孩子不再使用塑料制品装午餐，而是开始用可重复使用的容器。他们还开始在画画时使用纸张的正反面。

几周过去了，莫莉老师班上的孩子们收集了许多可以重复使用的物品，但他们并不清楚自己可以用这些物品做什么。有几个孩子评论说，操场上的玩具屋已经破旧不堪，很丑陋，他们也许可以用收集到的物品，把玩具屋装饰得更漂亮一些。莫莉老师和她的学生们查看了玩具屋，状况确实非常糟糕。于是，大家一起进行头脑风暴，思考能做什么。

“我们可以装饰墙壁。”

“我们可以做一些椅子，小朋友们可以坐在上面。”

“我们可以修理桌子，让它看起来好看些。”

全班幼儿都想参与翻新玩具屋的活动。他们一起集思广益，制定了一份待办事项清单。为了实现目标，孩子们以小组的形式制作不同的物品。第一组的孩子制作了一张桌子，第二组的孩子制作了墙上的装饰品，第三组的孩子将花盆挂在窗户上，第四组的孩子用废弃的轮胎和绳索做椅子。

第三阶段——总结项目

经过几周的合作，孩子们完成了他们的任务。他们还邀请其他班级的孩子参加美化后的玩具屋的开幕仪式。教师让所有孩子在空闲时间都可以到玩具屋玩。

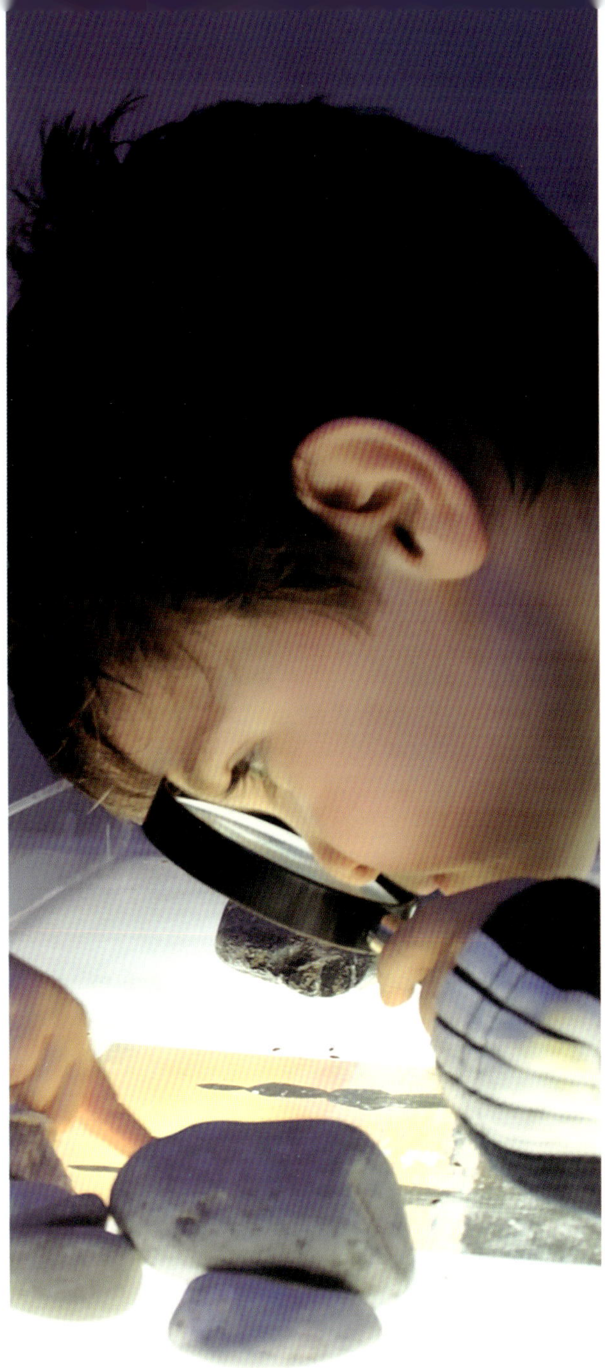

附　录

附录A “水果”专题的项目规划与记录表

讨论	实地考察	表征	调查研究	展示
第一阶段：开始项目				
• 教师分享了她早餐喜欢吃水果的个人故事 • 水果话题被带进班里，激发讨论	• 家长们送来幼儿之前与水果相关的经历的照片	• 幼儿绘画自己之前与水果相关的个人经历 • 幼儿根据记忆绘画水果	• 水果的颜色会提示你它的味道吗？ • 水果的大小与种子的数量成正比吗？ • 水果内部和外部的颜色一样吗？ • 果皮可以食用吗？ • 水果可以怎样食用？ • 如何知道水果是否成熟？	• 照片展示了幼儿与水果相关的经历 • 记忆画描绘了不同种类的水果 • 图画展现了幼儿与水果相关的经历
第二阶段：发展项目				
• 幼儿回顾了他们必须记住的向专家提出的问题 • 在教师的指引下，幼儿确保他们拥有所有的材料来记录专家分享的信息	• 幼儿用感官研究不同的水果 • 幼儿探索完整的水果，尝试切水果 • 一位妈妈捐赠了果树，幼儿看到了果实的生长过程 • 家长来到学校，带来了可以榨果汁的水果、脱水水果，制作果干、水果鸡尾酒、果酱、水果冰沙、冷冻汽水和苹果派	• 幼儿在仔细研究水果时进行写生画速写 • 幼儿记录了他们与来访专家合作的经历 • 幼儿为他们制作的食谱绘制了步骤图 • 幼儿使用各种材料制作所研究水果的三维模型 • 幼儿记录了亲眼目睹的果树所发生的变化	• 幼儿观看内容丰富的视频，并阅读可以回答自己心中疑问的图书 • 新疑问产生： ◦ 水果还会长在哪里？ ◦ 我们在哪里买水果？ ◦ 水果有哪些不同的组成部分？ ◦ 我们为什么要吃水果？	• 显示果树持续变化的记录 • 幼儿的表征展示了他们获得新知识与新理解的变化过程 • 教师张贴了幼儿画的三维水果图

（续表）

讨论	实地考察	表征	调查研究	展示
第三阶段：总结项目				
• 在教师的指引下，幼儿选择表征形式，向家长展示他们通过调查获得的新知识和新理解	• 幼儿与学校里没有相同项目经验的同伴分享他们获得的知识 • 家长们表示，与参与项目调查研究前相比，幼儿对水果表现出更多的认知和好奇心	• 幼儿选择与学校的另一个小组分享他们在某些方面的学习收获 • 幼儿选择与家长分享整个项目过程中的经历，从而使家长能够看到，孩子在对水果的已有认识的基础上通过项目调查研究所获得的新理解	• 我们可以全年在超市里购买到所有水果吗？ • 是否存在我们国家不生产的水果？	• 教师做专题演讲，与家长分享项目故事 • 在展示会上，幼儿为家长制作了很多果酱 • 幼儿与另一组同样在研究水果的同伴分享了自己的成果

附录B 如何制作项目专题网络图

以下指南解释了如何为项目研究创建项目专题网络图。如有需要，教师们可以组成一个小组一同写作。每名教师都可以单独工作，所有成员可以与小组成员共享自己的网络图。如果教师在研究同一项目专题的团队中工作，就可以选择在计划课堂项目时整合各自制作的网络图。

材料

每人：

- 1本便笺本（含100张纸，每张纸的尺寸约为4厘米×5厘米）
- 铅笔
- 尺寸为22厘米×28厘米（接近A4纸大小）的纸张
- 1张大桌

程序

1. **头脑风暴**：单独写下尽可能多的与项目专题相关的词语，把每个词语单独写在一张便笺纸上。在桌子上把便笺本摊开。词语应尽可能清晰具体。

时间：约7分钟

提示：

- 在这个阶段，请独自工作，即使您计划参与团队教学
- 使用视觉图像
- 通过多种感官，思考与项目专题相关的各个方面
- 思考哪些人所做的工作与项目专题相关
- 尽量不要思考抽象类别
- 持续大约7分钟，或者直到您写了50～60个词语

2. **排序**：根据词语间的异同，将它们分到不同类别的组中。在执行此操作时，您可能会发现各个组中的词语数量存在很大差异。

时间：约5分钟

提示：

- 将非常大的概念分解为小概念组。如果一个组中只有一两个词语，请尝试再思考一些其他属于该组的词语

- 最终目的不是形成词语数量相等的多个组，而是要了解每组词语的含义和属性

3. **标签**：选择最能表达该组类别的词语或短语，为每个组写标题或类别标签。

时间：约5分钟

提示：

- 在此过程中，您可能会发现，需要重新组合一组或两组的词语
- 当然，您可以随时添加任何新想法
- 您可能会发现，某个组中的一个词语可以用来作为该组标题且能概括整组的内容
- 使用不同颜色的纸或笔，使标题看起来不同，会很有帮助

4. **分享**：如果您和其他教师一起进行这项活动，那么现在，是时候看看其他人的想法和分类的情况了。这才是一种有效的团队合作。

提示：

- 注意共同特征。一些条目和类别，可能会出现在所有教师的网络图中，有些概念可能会出现于特定的一组词语之中，揭示个人兴趣或经历
- 在查看彼此的专题网络图时，请随时记下新的想法，或将任何想法融入自己的网络中。这不是让所有网络图都最终相同，而是要善于利用所有人的最佳想法

5. **转录**：最后的任务，是将所有确定的词语，以网络图的形式转录到一张纸上。这种格式比任何类型的流程图都更可取，因为这些概念之间没有顺序，而是从核心概念、话题和专题中辐射出来的一系列想法。

提示：

- 将项目专题的名称写在纸的中心，画一个圆圈
- 用组标题包围它
- 在组标题下画线
- 从标题向外列出每组中的相关条目。任何组标题都可以生成子类别

附录C　介绍项目的信函示例

亲爱的家长们：

在本学年的第一个项目中，我们将带领孩子们研究石头。孩子们将有机会探索不同种类的岩石和鹅卵石等。我们的目的是引导孩子们发展自身天生的创造力和好奇心，使其成为观察者、探究者，乃至科学家。

希望您可以通过帮助孩子多注意观察环境中的石头，来鼓励他们获取这些技能。建议您不要向您的孩子提供信息，请让孩子自己去探索和发现。当孩子提出问题时，请试着用另一个问题来回应，或者给予评论，这将引导孩子做出自己的预测、提出新疑问或发表评论。疑问或评论举例如下。

- 你觉得怎样？
- 你为什么这么说？
- 这真有意思。
- 我没有想到这一点。

这样做，您将帮助您的孩子提出自己的解释、构想理论、质疑环境并培养思维能力。

您可以帮助我们丰富项目教学，例如：推荐可实地考察的地点，或者推荐我们可以拜访或邀请到课堂的与该项目专题领域相关的专家。同样，对于与该项目专题相关的图书、照片、视频或网站，也欢迎您向我们做出推荐。

我们想在班级里建立一个石头收藏区。请帮助您的孩子寻找一块有趣的石头带到学校。孩子们可以分享自己寻找石头的故事。他们还将被邀请来谈论自己从班级收藏物中看到的相似之处与不同之处。如果您的孩子对一块体积很大、无法携带的石头感兴趣，那么您可以寄送一张照片给我们。

感谢您的支持！

加西亚老师

附录D “水果”项目的研究疑题、预测和发现

研究疑题	预测	我们是如何获取信息的	发现
水果的颜色会提示你它的味道吗?	红色水果是辣的	幼儿品尝不同的红色水果	水果的颜色不一定与其味道有关
水果的大小与种子的数量成正比吗?	大一些的水果有更多的种子	教师切开不同大小的水果，让幼儿来数种子的数量	水果的大小不一定与其种子的数量有关
水果内部和外部的颜色一样吗?	水果内部和外部的颜色是一样的	一名幼儿的妈妈到班级里制作水果沙拉。她向孩子们展示了将被用到的水果。幼儿在她切水果之前，谈论了每种水果的颜色。然后，她切开每一种水果，讲解水果内部和外部的颜色差异	不是所有水果的内部和外部的颜色都一样
果皮可以食用吗?	果皮不能食用	一位专家来到教室，带来了不同种类的水果。他解释了哪些果皮可以食用，哪些不能食用	一些水果的果皮可以食用
水果可以怎样食用?	直接生吃	家长走进教室与幼儿互动，并且以不同的方式处理水果。有的水果被做成了橙汁，有的水果被用来做香蕉面包，有的水果被做成了苹果片	水果可以生吃，也可以煮熟、榨汁或脱水食用
如何知道水果是否成熟?	如果我触碰水果，发现水果是软的，那就说明它已经成熟	幼儿参观了农贸市场，观察了各种水果。专家解释了如何选择成熟、可食用的水果。我们可以通过触摸、闻或观察来确定水果是否成熟	对于不同的水果，判断其是否成熟需要考虑不同的因素，如水果的气味、大小、重量、颜色和硬度

附录E 给参加实地考察的所有家长的信函示例

亲爱的家长朋友：

感谢您参加我们的实地考察活动。众所周知，我们已经完成了植物项目的第一阶段研究。孩子们提出了一些我们将在植物园内尝试回答的疑问。我们已经与植物园的工作人员进行了沟通，他们了解了孩子们的疑问，也知道孩子们特别想了解更多的东西。全班学生将在导游的带领下参观植物园。游览结束后，您将带领您的小组进行更详细的调查。

您将负责带领一个由四个孩子组成的小组。您需要帮助我们记录一些可能对课堂非常有帮助的信息，这项工作十分重要。此外，您还需要观察每个孩子的反应和兴趣所在，并留意孩子们对当前经历的评论及看法。为此，我们将为您提供一本便笺本、一支铅笔，以及一台可用于拍照录像的平板电脑。

请确保您带领的小组中的孩子在做笔记和画速写图时，有足够的时间观察目标。在现场，请向您带领的小组中的孩子指出能看到的不同种类的植物、活动顺序、考察过程、工作人员、车辆、材料、设备、工具和机器等。若有机会，可引导孩子数数、测量、提新问题、采访他人，或者澄清新的认知。在得到植物园工作人员的许可后，可向孩子们推荐一些能够带回教室的样品。

以下是孩子们针对这个项目专题所提出的疑问。

- 植物如何喝水？
- 植物可以食用吗？
- 植物可以在水中生长吗？
- 植物有哪些组成部分？
- 哪种动物住在植物里？
- 植物的颜色是什么？
- 植物从哪里来？

如果您发现，孩子有机会通过探索环境找到这些疑问的答案，那么请引导他们注意到他们可以调查研究什么。如果没有，请提醒他们询问专家。

感谢您的支持使这次旅行成为所有人的美妙体验！

格林老师

附录F 给参加实地考察的某位家长的信函示例

亲爱的彭夫人：

很高兴我们即将在星期二参观植物园，我很感激您愿意陪同我们。对于以下细节，我想寻求您的帮助。

请在上午9:00准时到校，因为校车将在上午9:15出发。

您将负责照顾安东尼奥、莱安诺、詹姆斯和美惠四个小朋友，并与他们一起活动。

请务必携带以下用品（我将为您和您小组中的孩子准备好）：孩子们的写字板，他们用于收集样本的小袋子，一本供您记录他们谈话的便笺本，以及一台平板电脑。

到了植物园，全班将一起参观。

游览结束后，您和小组中的孩子将前往名为“奇幻森林（Fantastic Forest）”的区域仔细观察树木。请鼓励孩子们画速写图，并在发现引起他们注意的东西时做笔记。如果您能在地面上找到一些叶子，请收集不同树木的叶子样本。（请不要从树上摘树叶。）

当孩子们在工作时，请记下他们的谈话和评论。我知道，孩子们非常喜欢在镜头前摆姿势和微笑，但希望您能在孩子们探索和做笔记时为他们拍照。

中午，我们会在植物园的出口集合，坐车返回学校。请确保您和孩子们准时到达集合地点。

感谢您的热情参与和支持！

格林老师

附录G　邀请家长参加闭幕活动的信函示例

亲爱的家长朋友：

我们的植物项目已经圆满结束，为庆祝孩子们所取得的学习成就，我们现邀请您参加我们的项目闭幕活动。我们将重点介绍孩子们在过去8周内进行的调查研究，并将尽力为你们重现我们在调查研究期间的所有经历，展示孩子们的工作成果。

孩子们想与您分享他们获得与他们的疑惑相关的知识和理解的许多方式。我们将回顾和讲述实地考察、对植物的直接探索、与专家的会面经历，以及通过技术设备和图书进行的研究。

许多家长陪同我们进行了实地考察，与我们分享了有关该项目专题的图书和其他材料，并作为专家到班里和我们交流。非常感谢您为我们提供的所有支持。

我们衷心希望能在闭幕活动中见到您！

日期：2017年9月25日，星期一

时间：上午9:30

地点：莫莉老师的教室

附录H 项目研究中的社会与情感能力发展契机

在围绕项目进行的研究工作（如与他人合作、做出选择、坚持完成他们打算完成的任务、解决问题和调节情绪）中，幼儿可以发展社会与情感能力。下表显示了一个项目的各个阶段，以及进行项目研究的过程中那些可以促进幼儿在学校中发展社会与情感能力的工作。

项目阶段	讨论	实地考察	表征	调查研究	展示
第一阶段	• 在班级的集体讨论、两两讨论或小组讨论中分享记忆 • 谈论与项目专题相关的个人经历 • 分享已有知识	在家与父母和看护人谈论与该专题相关的经历	• 两两或成组地表达关于该项目专题的个人经历或知识 • 与他人谈论自己的任务	• 根据已有知识提出有关该项目专题的问题，并希望了解该项目专题的更多信息 • 分享对该项目专题的兴趣和有关问题	在课堂上分享围绕项目专题创作的表征作品，并展示给其他幼儿看
第二阶段	• 准备实地考察 • 预测孩子们会看到什么，以及他们可能会与哪些专家交谈 • 审查安全程序和行为准则 • 在活动之后，回顾在实地考察和进一步探索中的所见所闻 • 讨论表征作品，以显示对该项目专题理解的不断加深	• 参观教室之外的场所 • 与现场专家交谈 • 向现场人员提问 • 学习在现场做出适宜的行为并注意安全	• 做现场笔记并进行写生速写，以展现现场的所见所得，并在班里分享 • 与同学合作制作海报或采用其他复杂的表征形式 • ·起讨论好的表征形式包括哪些要素	• 实地考察后，两两或成组进行后续调查、探索和实验 • 分享出现的新问题 • 查阅二手信息来源，如图书、视频和互联网	• 在教室的墙上展示幼儿的作品 • 鼓励幼儿互相了解工作进程，并与同伴讨论他们的作品 • 帮助幼儿理解所有作品的意义，而不仅仅是展示自己的作品

（续表）

项目阶段	讨论	实地考察	表征	调查研究	展示
第三阶段	• 在小组讨论中回顾项目研究工作 • 讨论如何与其他班级的孩子或与自己的家人分享项目研究工作 • 思考哪些工作已经完成，哪些工作需要更多关注，哪些工作有待启动	• 让班级之外的其他人参与查看已完成的工作 • 开展分享活动，发送邀请函 • 邀请专家参观已经完成的工作展示	• 为外部观众总结在项目中获得的主要成就 • 思考其他人可能想了解与项目研究相关的哪些内容 • 对小组成果进行最后的润色，使其易于阅读和理解 • 思考如何邀请参观者回顾已完成的工作	• 考虑他人如何看待项目研究工作，并设法记录他人的想法和评价 • 制作评价清单及表格，以收集调查数据	• 为前来参观项目研究工作的访客布置教室 • 确保每个人的工作都能得到很好的展示，使他们在项目研究工作中发挥的作用能得到认可

附录1　在项目研究中实现STEM目标

目标	STEM 教学	项目教学
已有知识	STEM 调查旨在扩展幼儿的已有知识	学习经验建立在幼儿已经知道和可以做的事情之上
探究	科学教学使幼儿提出疑问	幼儿的疑问推动探究
好奇	科学涉及对事物如何运作的好奇心。培养幼儿对周围世界的好奇心，以促进其产生对学习的终生兴趣	项目教学的核心是相信幼儿正在努力更好、更全面地了解他们的经历与环境
预测	科学教学方法包括预测实验结果	鼓励幼儿就事物的运作方式提出自己的想法
调查	科学教学涉及观察和发现。幼儿被引导回答自己提出的疑问	通过实地考察、采访专家和查询其他信息来源，幼儿在提示下获得第一手信息
发现	在科学课上，幼儿使用五种感官探索、加工和理解新信息	幼儿逐渐开始积极、充满互动性地探索周围的现象、物体、材料、过程和事件
数据收集	科学教学需要收集数据	在进行调查时，幼儿学会预测自己需要通过什么来收集和记录可能发现的数据
视角	鼓励教师充满兴趣地倾听幼儿的声音，并让他们互相倾听	幼儿在分享经验后进行讨论，他们经常回忆起不同的细节。幼儿从他人的工作中学习，因为其他幼儿的工作展示了对专题进行研究的另一种方法。幼儿可以从不熟悉的角度重新审视所学到的知识，以便从不同的角度来反思自己的理解
创意	幼儿园儿童在设计、构建和测试解决方案时，开始发展所理解的工程概念	当幼儿按照自己的方式学习时，可以通过各种表征形式来表达自己的想法和理解。例如，幼儿在对信息进行分类、比较和对比时，可以使用图表和结构图

（续表）

目标	STEM 教学	项目教学
反思	教师可以与幼儿讨论 STEM 经验和实验，与幼儿一起解读数据	教师和幼儿一起回顾和评估项目研究工作，提出交流学习的重点
参与	班级环境有利于实验，教师会引导幼儿有目的地使用材料	幼儿自己探索发现事物如何运作、事物由什么组成、周围的人如何为他们的健康成长做出贡献等。探索取决于幼儿的兴趣和想法。该项目为幼儿提供选择，并让幼儿参与决策
学习和课程的目标与标准	标准和指南确定了不同年龄的幼儿在 STEM 教学中需要知道什么、能够做什么。在理想情况下，教师实施的课程会以有意义、相关性强、尊重每个幼儿和家庭的方式开展	项目研究通过提供发现与互动的机会，将幼儿的现实生活体验与学科知识联系起来，在课程中整合幼儿的学习，从而促使幼儿获得知识与技能，培养其个性与情感能力
指导模式	教师可以通过一系列指导方法（包括小组指导、大组指导）以及保持对游戏的关注，以支持所有幼儿发展的方式实施标准，进行评估	教师的系统性指导有助于幼儿获得技能。幼儿的探索使其能够找到方法来应用早先获得的技能。幼儿不仅学会了如何使用一项技能，还学会了何时使用它，从而形成更深层次的理解
结构	许多早期教育课程的设计支持整合性的 STEM 学习	项目教学方法的结构为幼儿提供了一个框架，帮助他们理解自己应该做什么。该框架对学习过程起到指引和组织作用
灵活性	教育工作者可以通过为幼儿提供足够的探索时间来支持 STEM 学习	项目教学的五个结构特征提供了灵活性，让教师决定何时、何地、多久以及以何种形式整合这些重复出现的元素
技术	幼儿明白，工具可以帮助人们更好或更轻松地做事，并完成一些原本无法完成的任务	幼儿通常使用技术设备来记录他们与周围环境的互动。他们还使用数字媒体来表达自己的理解、反思所学到的新知识、探索、收集信息、交流学习
与生活的关系	通过功能性体验帮助幼儿培养数学思维和推理能力，培养他们与生活相关的数学能力	项目研究的专题旨在将幼儿在教室里学到的东西与真实世界联系起来

参考文献

Alaska Departments of Education and Early Development and Health and Social Services. 2007. *State of Alaska Early Learning Guidelines: A Resource for Parents and Early Educators*. Department of Education and Early Development, Division of Teaching and Learning Support, and the Department of Health and Social Services, Division of Public Assistance.

Bellanca, James. 2010. *Enriched Learning Projects: A Practical Pathway to 21st Century Skills*. Bloomington, IN: Solution Tree.

Chard, Sylvia C. 1998. *The Project Approach: Making Curriculum Come Alive*, Book One. New York: Scholastic.

Chard, Sylvia C. 1998. *The Project Approach: Managing Successful Projects*, Book Two. New York: Scholastic.

Chard, Sylvia C. 2009. *Projects and the Curriculum: Seeing the Possibilities*. A Series of Six Practical Guides for Teachers, Number 1.

Chard, Sylvia C. 2009. *Features of the Project Approach: A Framework for Learning*. A Series of Six Practical Guides for Teachers, Number 2.

Chard, Sylvia C. 2009. *Making a Start on Projects: Planning in Context*. A Series of Six Practical Guides for Teachers, Number 3.

Chard, Sylvia C. 2009. *Phase 1: Launching a Project: Initial Understanding*. A Series of Six Practical Guides for Teachers, Number 4.

Chard, Sylvia C. 2009. *Phase 2: Developing a Project: Investigating and Representing*. A Series of Six Practical Guides for Teachers, Number, 5.

Chard, Sylvia C. 2009. *Phase 3: Concluding a Project: Presenting the Work*. A Series of Six Practical Guides for Teachers, Number 6.

Chard, Sylvia C. 2016. "The Project Approach and STEM: A Powerful Combination." Community Playthings.

Helm, Judy Harris. 2015. *Becoming Young Thinkers: Deep Project Work in the Classroom*. New York: Teachers College Press.

Helm, Judy Harris, and Lilian Katz. 2010. *Young Investigators: The Project Approach in the Early Years*. 2nd ed. New York: Teachers College Press.

Katz, Lilian 2010. "STEM in the Early Years." *Early Childhood*

Research and Practice 12(2).

Katz, Lilian, and Sylvia Chard. 2000. *Engaging Children's Minds: The Project Approach*. 2nd ed. Stamford, CT: Ablex.

Katz, Lilian, Sylvia C. Chard, and Yvonne Kogan. 2014. *Engaging Children's Minds: The Project Approach*. 3rd ed. Santa Barbara, CA: ABC-CLIO.

Laboy-Rush, Diana. 2009. "Integrated STEM Education through Project-Based Learning." Learning.com.

Meyrick, Kristy M. 2011. "How STEM Education Improves Student Learning." *Meridian K-12 School Computer Technologies Journal* 14(1).

"Nurturing STEM Skills in Young Learners, PreK–3." *STEM Smart Brief*.

Rushton, Stephen, and Anne Juola-Rushton. 2011. "Linking Brain Principles to High-Quality Early Childhood Education." *Exchange* 202: 8–11.